社会福祉学は「社会」をどう捉えてきたのか

ソーシャルワークのグローバル定義における専門職像

三島亜紀子

Akiko Mishima

keiso shobo

はじめに

祖母・芥子川静子は一九一六（大正五）年に神戸で生まれ、二〇一二年夏に亡くなった。生まれた頃の福祉といえば、恤救規則の時代。[1] 神戸でも「鈴木商店」が焼き討ちにあった米騒動の勃発の二年前である。港町神戸はいち早く近代化、工業化、都市化が進み、経済的発展を遂げたが、その繁栄の陰でスラム街が形成されていった。賀川豊彦[2]が神戸新川のスラムに住み込み、食堂「天国屋」を開業したのは一九一二年だった。

祖母の実家の家業は「大工の棟梁」と聞く。江戸時代は違う仕事をしていたはずだから、何らかの授産事業のお世話になったのかもしれない。実母は出産後すぐに亡くなったが、八人兄弟の末っ子で賑やかな家庭のなかで育った。実父の「お妾さん」が勤める「オキヤ」に、年の近い兄とよくお菓子をもらいに行ったという話を聞いたことがある。巌谷小波[3]のおとぎ話にも「妾」が登場していたころの話だ。

さすが「大工の棟梁」の家だけあって、一九九五年の阪神淡路大震災でも「本家」の全壊は免れた。しかし祖母の住んでいた借家は全壊し、最初の数週間、小学校に避難していた。地震から一週間経ってようやく電話がつながった時、心配する孫に「戦争中と比べたら、天国みたいやわ」と豪語した。

そんな世代にとって、「福祉」とは「寄る辺のない、かわいそうな人」のためにあり、受給することは「恥ずかしい」ことだったのだろう。私が幼いころ、近所の公園で遊んでいると、引率された保育園児が大勢やってきたことがある。その時、祖母は早く立ち去ろうとした。ほかに用事があったのかもしれないが、「あんな子らと一緒に遊ぶもんやないから」ということであった。保育園児は「母性的養育」を「剥奪」された「不幸な」子どもとされていた時代の雰囲気を察した態度だったのかもしれない。

そんな祖母にも、社会福祉基礎構造改革の流れは押し寄せた。介護保険制度がはじまった二〇〇〇年には八〇代半ばになっていたが、意外にもすんなりと福祉の利用者としての意識をもてたようである。「そら、わたしらの世代は苦労したから」と、「苦労」の対価としてサービスを利用できるという権利意識だったが。そういえば晩年、「老人会」の活動にも積極的で、(六〇歳代の)「若い子」に囲まれ、楽しそうだった。老人会でボランティアの清掃があれば、「なんで年寄りが集まってゴミ拾いせんとあかんねん」と文句を言いながら参加した。孫と公園で遊んでいたのは一九七〇年代半ば、六〇歳前後のことだから、時代が変われば人も変わるものである。ひ孫が保育所に通っていても何も言わなかった。そうして、九三歳まで一人で「自立生活」した。

このように祖母の人生のなかで、福祉のあり方は目まぐるしく変化してきた。救護法が施行された一九三二年は一六歳、児童労働を禁じる児童虐待防止法の成立した一九三三年は一七歳、終戦を迎えたのが二八歳、「福祉元年」の一九七三年には五七歳で老年にさしかかっていた。直後の「福祉見直し論」や「日本型福祉社会論」が高まる一九七〇年代後半で六〇歳代、新自由主義的な色合いの濃い社会福祉の「パラダイム転換」がなされた時は八〇代半ばであった。

一人の人間の人生のなかで、福祉に関わる法律はもちろん理念や言葉まで変容したことが分かる。こうした変化にともなって、福祉関係の専門家も次々と生まれていった。祖母が実際に介護保険サービスを利用しはじめたのは九三歳で、「看護婦さん」だろうが、「ヘルパーさん」だろうが、社会福祉士だろうが、さして気にする様子でもなかった。資格の種類はともかく、「福祉」の専門家として身をゆだねていた。「専門の人」「ちゃんと良う知った人」には敬意を払う傾向にあったのだ。それは、テレビを買うときに、私がいくらネットや家電量販店で買った方が安いと言っても、近所の「専門」の電気屋から買っていた姿勢と重なる。

とはいえ、現在では専門家の立ち位置を揺るがすような状況がある。私たちは、「専門の人」でなくとも専門の知識にアクセスしやすい、インターネットの普及した社会に生きている。ソーシャルワーカーが医師を専門家のモデルとして専門職化をはじめたときには、専門家と素人の間の情報量の差は歴然としていた。

いっぽうで専門知は、書籍や新聞やテレビなどを通じて一般の人々に広まる傾向にあり、「専門家支配」と呼ばれたりしてきた。しかしながらPCやスマートフォン、インターネットの普及は、専門知が拡散する速度や量を飛躍的に伸ばした。素人であっても、専門家の依拠する知に近づこうと思えば、インターネットにアクセスできる環境にあり、ある程度のリテラシーがある限り、いつでも近づくことができる。こうした状況は、「素人判断」で現場が混乱することもあるだろうが、専門家の優位性を揺るがしているようにも思える。

家に乳児がいたとき、ネットは一番身近で大切な情報源だった。二か月で寝返りするなど妙に成長が早く不安になったため、子育て支援センターのようなところで職員に聞いてみたことがある。すると、「うわ、早いですね！大丈夫だと思いますよ」とのことで、疑うわけではないが、気になってネットで検索してしまった。すると、同じような子をもつ母親による書き込みが結構ヒットし、より安心感を覚えたものだ（その後、その職員さんの言う通り、何の問題もなかった）。

今では、専門家支配の議論の枠組みを超えて、あるいはその延長線上で、専門家を離れた専門知が独り歩きしているようにも思える。たとえば、世の中に「やんちゃ坊主」が少なくなったことも、これに関係しているのではないか。今、教室きっての「やんちゃ坊主」や「わんぱく坊主」、祖母のいうところの「ごんた」は、発達障害を疑われる可能性が高いだろう。「かんしゃくもち」「カンの強い子」なども、おそらく発達障害の子どもを指す場合もあったと考えられるため、近年の専門知の普及で消えいりそうな言葉といえるかもしれない。「悪い子」も、虐待や何らかの障害の症状、貧困による機会の制限などに原因があると解釈され、「おっちょこちょい」や「ボーっとした子」、「忘れ物が多い子」、「うっかり者」さえ何らかの障害を類推される。

そんな解釈をするのは、専門家だけではない。その子を取りまく「素人」も、専門知にしたがって同様の解釈をするよう求められているようだ。以前との違いは、ある専門知の理解や、それが認知される時期が、素人が玄人に近づいてきている点だろう。たとえば担任教師などよりも、発達障害児をもつ保護者のほうがその知識や技術に長けることは珍しくはない。とはいえ、調べる時間的・経済的な余裕がなかったり、能力的に難しかったり、興味がなかったり、単にこうした言説に従順でない人も大勢いる。

こうした変化は、基本的に発展や改善であろう。知の普及、たとえば「発達障害」という概念が普及したことにより、その子どもが「悪いことばかりする」のではなく、「親の育て方が悪い」のでもなく、発達障害の症状があらわれていると理解されるようになった。その発達障害児とされた子どもは特殊ニーズをもつ子どもと理解され、専門的な知見に基づく指導やトレーニングや環境の改善、ときに投薬が必要とされる。発達障害に限らず、専門知の普及により、多くの人々は確かに恩恵を受けてきた。いっぽうで、「大器晩成」や「多少やんちゃなぐらいでちょうどいい」というような大らかさや気楽さのようなものを、この社会が捨て去ってしまうようで不安にも感じる。

日本には「餅は餅屋」「蛇の道は蛇」ということわざがある。「専門家支配」を良しとする文化といえるかもしれない。しかし、全て専門家に任せたり、専門知に基づくサービスを提供する民間企業に任せたりすることは、人口減少がすでに始まっている状況下において予算的に厳しいとされるだろう。そこで、終章でも扱うように、「地域住民や地域の多様な主体が『我が事』として参画」する「地域共生社会」に大きな期待が寄せられている。

こうしたなか、専門家はどのような存在であるべきで、その専門知をどのように扱ったらいいのか。また、情報技術の発展などによって専門家と同じ情報にアクセスできるようになった「素人」はどのように専門家や専門知と接したらいいだろうか。いっぽうで、人々が客観的な事実や専門知を見限った、脱・真実の時代だともいわれる。この時代観の奥底には、時代を経るごとにころころと変わる専門知、時には専門知を強要され、生活態度まで「改善」が求められることに対する不信感や違和感もあったのかもしれない。こうした専門知や専門家に関する疑問が本書の根底にある。

ソーシャルワーカーは、この百年余りの間に専門職化を遂げてきた職業の一つである。医師が患者を診察し治療したように、ソーシャルワーカーは社会という患者に向かい合う社会の医師として、社会問題の原因を突き止めるべく「社会診断（social diagnosis）」をおこなうことから始めた。このソーシャルワーカーという一つの専門職のあり方を検討することは、専門家の今とこれからに迫るにふさわしいように思える。なぜなら、医師よりも専門家たることに関して戦略的だったからだ。特に、二〇一四年に採択された「ソーシャルワークのグローバル定義」には、これらの問いのヒントが多く詰まっている。

これに加えて、本書のタイトルにした「社会福祉学は「社会」をどう捉えてきたのか」という問いもある。そもそも、この業界で「福祉サービスを受ける」「生活保護を受給する」などといわれることは、世間では「福祉の世話になる」などといわれたりする。この時「社会」が省略されてしまうことが多いが、本来であれば「福祉」の言葉自体は「幸せ」という意味だ。「福」とは、「『神』などから直接にさずけられた『富』や『仕合わせ』を意味して」（小松 2009：9）おり、「祉」も「神がそこに足をとめて福を与えること」（『漢字源』）を指す。たとえば「福引」「福袋」「福耳」などの言葉の背後には、「神的なもの、異界的なもの、神秘的なものが隠されている」という（小松 2009：9）。確かに「福祉の世話になる」という言葉の響きは権利意識とは遠いところにあるような気がするし、日本の生活保護の捕捉率は約二割という現実は「フクシ」が「つ（憑）いている」人にしか当たらない福引のようなものであることを象徴しているようだ。

つい、社会福祉から「社会」を省略してしまう、この社会。あるいは社会福祉が社会福祉のままであっても、序章で検証するように、この領域において「社会」の理解の仕方は特異であるように思える。社会福祉（学）は「社会」をどう捉えてきたか。それを明らかにすることが、今後の日本のソーシャルワークや社会保障制度のゆくえを占ううえで欠かせないものと考えている。

（1）（一八七四―一九三一）貧困者にあくまでも人民がお互いに救済し合うべきこと（人民相互の情誼による救助）を強調し、極貧独身老人、障害者、病人、若年児童等の放置しておくことができない者（無告の窮民）に限って一定の米を支給する（後、金銭給付となる）もの（『社会福祉用語辞典』）。

（2）（一八八八―一九六〇）宗教家として神戸市新川の貧民街で伝道を開始するとともに、キリスト教社会事業家としてセツルメント運動に力を注いだ。『死線を超えて』（一九二一年）などがベストセラーになった（『社会福祉用語辞典』）。

（3）（一八七〇―一九三三）児童文学者・俳人。尾崎紅葉らと硯友社を結成。のち創作童話を発表。また、おとぎ話の口演にも力を注いだ。童話「こがね丸」、童話集「日本昔噺」「世界お伽噺」など（『大辞泉』）。

目次

序　章　社会福祉学は「社会」をどう捉えてきたのか

「社会的な」社会学と社会福祉学

社会福祉士とは、ソーシャルワーカー（社会的な）の訳語である。[1] では、「社会的な（ソーシャル）」とは何を意味するのだろうか。ここに、「社会的なもの」に関する、公的な機関が出した報告書がある。

日本学術会議の社会学委員会・社会学の展望分科会の「社会学分野の展望――良質な社会づくりをめざして『社会的なるもの』の再構築」と題した報告書だ。ここで、「社会的なるもの」とは、次のように説明されている。

共同体的な拘束から解放された諸個人がどのようにして連帯しうるのか、しかも国家的・政治的統合とも市場的・経済的連携とも異なるかたちで、どのように「社会的」に結びつき、相互に助け合えるのかという関心であった（日本学術会議 2010：1）。

この見解にしたがえば、ソーシャルワーカーとは「共同体的な拘束から解放され」、昔ながらの相互扶助の恩恵を受けづらくなった個人が「連帯」し、「『社会的』に結びつき、相互に助け合」うことに関わる仕事をする人となる。

近年の「非正規雇用労働者の切捨てから無差別殺傷事件など」の出来事は、いわば「社会の質」の劣化を示しているように思われるとし、「この劣化をくいとめ、良質な社会を作っていくことが必要であるが、その際注目されるのが『社会的なるもの』の働きである」と記されている。社会学は「社会的なるもの」を問い続けることで、そうした社会の質の劣化を食い止めるべく存在してきたと説く。

近代社会に対する自省的理解をめざして生まれた社会学は、その学問的発展の当初から、伝統的な共同体の原理に代わる近代的な社会的連帯の原理として「社会的なるもの」に深い関心を寄せてきた（日本学術会議 2010：1）。

「社会的なもの」とは何か

「社会的」という言葉はきわめて多義である。市野川容孝は、著書『社会』のなかで「社会的なもの」という言葉を①自然の対立項とされるもの、②個人に対置されるもの、③国家との対比で語られるもの、④日本語で忘却されてきたものに整理している。この四つめの意味するものに関して、フランスやドイツの憲法に明記されている「社会的な国家」に相当する日本語は「福祉国家」であるが、「社会的な国家＝福祉国家」にならない日本語の現状が例にあげられる（市野川 2006：v-x）。

この「社会的なもの」は、社会学の営みにおいておざなりにされることも多かったという。この「社会学的忘却」について、市野川は次のような理由を挙げている。「社会学は『価値自由』という周知の原則を自らに課しつつ、自らが分析や記述のために用いる『社会的』という言葉から、その規範的要素を極力そぎ落とし、この言葉を人間関係や相互行為を漠然と指し示すものへと抽象化してきた」（市野川 2006：35-36）。

北田暁大は、このように「脱規範化」された社会学のスタイルの起源を一九世紀末から二〇世紀初頭にかけてのシカゴに求める。当時、シカゴの街の「最暗黒」部分に「科学」的な考察の明かりを灯して社会問題を解決しようとしたのは、市内のスラム街に設立されたセツルメント「ハルハウス」とシカゴ大学社会学部であった。両者は互いに密接に影響しあった一方で、緊張をはらむ関係でもあったという。ハルハウスのジェーン・アダムスらは、スラム街で隣人と交流する「住民（residents）」となり「社会調査（social survey）」をおこなった。これに対し、シカゴ大学のロバート・パークは都市を実験室と位置付けてそれをフィールドにした生態学を展開する。ここで、パークはソーシャルワークや彼女らが取った調査方法を女性がするものと位置付けジェンダー化することによって、社会学と社会福祉の実践を差異化し、「社会的なもの」を忘却していったという（北田 2015）。

いっぽう、社会福祉学では「社会的なるもの」をどう捉えてきたのか。日本学術会議の報告書では、社会学における論点や課題などが整理された後に、社会福祉学の論点・課題・展望が続く。そして「社会福祉学での『社会的なるもの』の確立」の項に、以下のような記述がある。

わが国においてボランティア活動やNPO活動の意義が社会的に認められるようになったのは、周知のように、阪神・淡路大震災以降のことに属する。その背景には、新しいサービス提供組織としての期待とともに、ボランティア活動やNPO活動が社会の基底をなす人と人とのつながりの回復を促す契機になりうるのではないか、社会的に排除された人びとを包摂する手がかりが含まれているのではないかという期待がある。そこには、人びとの「社会的なるもの」の回復にたいする期待が込められている。社会福祉学は、公と民、あるいは国家と個人の二分論を超えて、日本で新たな社会システムの構築を図っていく先導的役割の一端を担うべきである。それは、既に述べた第三領域である地域社会という舞台をもとに、自助と公助に加えて互助でもって、「社会的なるもの」の復権を目指すことである（日本学術会議 2010：16）。

社会福祉学は、「社会福祉にいう『社会』という語句のもつ意義について改めて問い直すことが求められている」（日本学術会議 2010：17）とする。しかしながら、上記の文章には社会学の立場とは大きく異なる点が存在する。それは、「『社会的なるもの』の復権」が「自助と公助に加えて互助でもって」目指されていることだ。

そもそも、日本学術会議の報告書の定義に照らすと、「共同体的な拘束から解放された諸個人」というのは、地縁や血縁でつながった社会集団のなかの互助の恩恵を受けることができない個人を指す。自助も（伝統的な）互助も頼れない個人が、「市場的・経済的連携とも異なるかたち」で、どのように「社会的」に結びつくかが問われていたはずだ。しかしながら、日本の社会福祉（学）の領域には、「自助と公助に加えて互助でもって」、「社会的なもの」を復権させるべきという思考回路を成立させるマジックが存在する。

日本の「社会的なもの」の「社会福祉学的歪曲」

本来 social work は、自助も（伝統的な）互助も頼れない個人を、いかに社会的に結び付け、相互に助け合うかに関わる仕事であった。だからこそ、近代化や産業化が進んだ都市、スラムを孕む都市がソーシャルワーカーを生んだのだ。それにもかかわらず、日本には「社会的なもの」を「自助＋公助＋互助」と位置付けて良しとするマジックが存在する。

そうした「社会的なもの」の「社会福祉学的歪曲」の先駆者の一人は田子一民だろう。田子は『社会事業』（1922）の冒頭の一文で、「社会事業」つまりソーシャルワークは、「社会連帯の思想を出発点」とし、そのうえで「日本式社会事業（強調点ママ）」の必要を説いた（田子 1922：1）。ちなみに、ここで「社会事業」という語は、欧米の動向を踏まえつつ慈善事業や感化救済事業とは異なる「social work」を指すと同書に明記されている（田子 1922：14）。そして社会連帯の思想を「簡単」に言うと「私達の社会」という「観念」になるとしたうえで、この「私達の社会」を「私達の家」と言い換えた（田子 1922：9–10）。つまり家族内で支え合うように、社会の構成員全員に対しても同様の関係にあると自覚するよう求めている。仁政を説く田子の日本式社会事業とは、儒教的な社会規範のもとにあり（池本 1998：322）、いわば social work は主に武士階級の学門として定着していた中国由来の在来知（第一章）から捉え直されたといっていい。

society や social の訳語に「社会」という語が当てられてから約半世紀のこの時期、たとえば方面委員設置に関するパンフレットには、「社会」に「せけ（世間）」とルビがふられていた（村島 1929：11）。social が世間と翻訳されると、社会連帯は世間の連帯であり、当時の人々にとって「私たちの家」はなじみやすい言い換えであったのかもしれない。

こうしたマジックは、現在も息づいているように思える。

たとえば、一九九〇年代の社会福祉の基礎構造改革のなかでも、社会連帯は強調されていた。一九九七年の厚生労働省の報告書「社会福祉の基礎構造改革について（主要な論点）」には、二か所、社会連帯に言及されている。一つめが「社会福祉の理念」として、「個人の自己責任による解決に委ねることが適当でない生活上の問題に関し社会連帯の考え方に立った支援を行うことにより個人の自己実現と社会的公正の確保を図る」という箇所。また二つめは「改革の基本的方向」に「⑤住民の積極的な参加による豊かな福祉文化の土壌の形成」があり、ここでは「社会連帯の考え方に基づき、幅広い住民の積極的な参加を得て豊かな福祉文化の土壌を形成する」とされている部分だ（厚生労働省 社会福祉事業等の在り方に関する検討会 1997）。

一つめの社会連帯は、基礎構造改革では、サービスの質と効率性の確保、幅広い要望に応えるべく市場化・多元化が推進されるなか、生活困窮者等に対して「社会連帯の考え方に基づく公的助成を行うことにより、利用者を支える仕組みが必要」とされた。これはノーマルな社会連帯の解釈といえる。

これに対し、二つめの社会連帯は、「福祉文化の土壌の形成」を通じた互助が期待されている点において、本来の意味と異なる。この文面には儒教の教えのかけらもなく、市民の主体的な参加からなる社会連帯が謳われている。しかしながら、一年後に公表された「社会福祉基礎構造改革について（中間まとめ）」（一九九八年）では、同じ福祉の文化の醸成が推奨されたにかかわらず、以下のように社会連帯の語は消えている。

（7）　福祉の文化の創造

社会福祉に対する住民の積極的かつ主体的な参加を通じて、福祉に対する関心と理解を深めることにより、自助、共助、公助があいまって、地域に根ざしたそれぞれに個性ある福祉の文化を創造する（厚生労働省 中央

社会福祉審議会社会福祉構造改革分科会 1998）。

既視感があると思えば、この文は「地域社会という舞台をもとに、自助と公助に加えて互助でもって、『社会的なるもの』の復権を目指す」（日本学術会議 2010：16）という日本学術会議の報告書の一文と似ている。また二〇一二年に成立した「社会保障制度改革推進法」にも、同様の文言が並んでいる。

第二条第一項　自助、共助及び公助が最も適切に組み合わされるよう留意しつつ、国民が自立した生活を営むことができるよう、家族相互及び国民相互の助け合いの仕組みを通じてその実現を支援していくこと。

しかし、「自助、共助、公助」のフレーズは、政策統括官（総合政策担当）が実施する検討会、「我が事・丸ごと」地域共生社会実現本部の「『地域共生社会』の実現に向けて（当面の改革工程）」（厚生労働省 2017）では繰り返されなかった。「地域住民や地域の多様な主体が『我が事』として参画し、人と人、人と資源が世代や分野を超えて『丸ごと』つながる」、「地域共生社会」という新しい言葉が紡ぎだされている。ここでは、「社会」を脱ぎ捨てた「連帯」が挿入されている。

地域全体が連帯し、地域の様々な資源を活かしながら取り組む（厚生労働省 2017：2）。

今ではもう、連帯は「社会的なもの」である必要はないと考えられているかのようだ。

いっぽうで、「地域共生社会」のような思考は、一般社会でも語られている。昔は日本では大家族が当たり前で、にぎやかに暮らし、ご近所と助け合いながら暮らしていた、戦後、経済成長をとげ、物質的には豊かになったものの、失ったものは大きかった、しかし、私たちは相互扶助の文化をもっていた、最近では他の先進国でも「参加」や「参画」は重視されている、日本人のなかには相互扶助のDNAがあるはずだから、そうした「人と人とのつながり」「絆」を取り戻そう、云々。しかしながら、歪曲された「社会的なもの」や社会連帯の理解と、「参加」の食べ合わせは至極悪いと考えている。

二〇一四年に採択された「ソーシャルワークのグローバル定義」では、地域やコミュニティの「自発的な取組」は重視されている。たとえば、定義に新しく盛り込まれた「社会開発」や「社会的結束」（第五章）である。また「地域・民族固有の知（indigenous knowledge：本書では、在来知と表記する）」（第一章）という言葉は、近代化以前の相互扶助的な営みなども一つの知として尊重するものだ。一見、この新定義は、日本のソーシャルワーク領域独特の「自助と公助に加えて互助（あるいは共助）」から成る「社会的なもの」にお墨付きを与えるような気もする。この理解は合っているのだろうか、間違っているのだろうか。日本の福祉行政や社会福祉学におけるエキセントリックな「社会的なもの」や社会連帯の理解のまま、この先も、やり過ごしていいのか。

各章の概要

近代的な専門家像が設計された一九世紀末に比べると、現在の情報環境は格段に恵まれたものになっている。こうした環境は、専門家と素人の非対称性を改善するという意味では理想的なものである一方、専門知へのアクセスの優位性が専門家の専門性を支えるという前提を揺るがしかねない。こうした時代、一般の人々も専門家を離れた専門知と日々向かい合うことになるが、どのように専門家や専門知と接したらいいか。これに加えて、日本の福祉行政や社会福祉学はエキセントリックに「社会的なもの」や社会連帯を理解している問題がある。この問題に蓋をしたまま、人口が減少しゆく社会を乗り切ることはできるのだろうか。

本書は、ソーシャルワークのグローバル定義にある鍵概念の理念や原理、その論拠となる思想や歴史的な背景などを明らかにすることを通じて、これらの疑問に迫るものである。その際、キーワードとして在来知、植民地主義、多様性、社会的結束、現地化を選んだ。これらの言葉は、新たに定義に盛り込まれたもの、あるいは以前に比べて重要視されるようになったものである。

第一章では、新定義において「在来知＝地域・民族固有の知」が、ソーシャルワーク固有の理論やその他の人間諸科学の理論といった、これまで論拠としていた知と同等のものと明記されたことについて考察する。他の学問分野における在来知に関わる議論も参考にしながら、それが重視されるようになった背景を明示する。新定義における知のあり方の変化を明らかにし、日本における展開の可能性を探る。

第二章では、ソーシャルワークのグローバル定義の注釈部分で明記された、過去のソーシャルワークにおいて顕著だった植民地主義への反省に注目する。ソーシャルワークの先駆的な事業とされるものの多くが、植民地主義的なメタファーでおおわれていたことを指摘し、この思考が日本に輸入され、それが定着していった痕跡をあげたい。

第三章では、第二章で取り扱ったソーシャルワークの植民地主義が貧民救済やソーシャルワークの必要性を喚起した側面があることに注目した。事象として、米騒動の前後の時期に大阪を中心に高まった動物愛護運動と方面委員制度の創立を取り上げる。

第四章では、「多様性（diversity）の尊重」について考察した。その語源や歴史的経緯、思想的背景を整理した後、多様な属性をもつ人々を抑圧する社会構造を批判的に分析できる知識と、それぞれ異なる配慮ができる能力をソーシャルワーカーとして身につける必要があることを指摘した。

第五章では、新定義に新たに登場した「社会的結束（social cohesion）」に焦点を当てる。国や国際機関、そしてソーシャルワーク領域において、この語が注目されるようになった経緯と背景を概観する。そのうえで、社会的結束の概念にはリスク回避のための社会統制という側面があるのか、あるとすれば新定義における他の価値や概念と矛盾しないか、イギリスでの事例を取り上げながら考察したい。

第六章では、二〇一四年ソーシャルワークのグローバル定義以降の日本のソーシャルワークのあり方を問うべく、現地化の定義や日本内外の現地化に関する議論を概観し、今後の日本の実践や研究で現地化という考えをどのように活かしたらいいか検証する。

終章では、社会保障領域のみならず生活のさまざまな領域で存在してきた「アンペイド・パブリック・ワーク」について言及した。これは、市場経済の外で行われるアンペイド・ワークであり、かつ公的な業務を遂行する仕事を指す。日本では在来知の影響を受けて、現在まで存続してきたものの、弱体化してきたと認識されている。「社会的なもの」にかけられたマジックを解くべく、その「弱体化」の背景を検討し、その問題点を考察する。

（1）　日本社会福祉士会は、社会福祉士を Certified Social Worker と英訳している。

第一章　ソーシャルワークの知のあり方の変化と「在来知（indigenous knowledge）」

第一節　ソーシャルワークを定義すること

ソーシャルワークのグローバル定義（2014）の採択

二〇一四年七月にオーストラリア・メルボルンで開催された「ソーシャルワーク、教育及び社会開発に関する合同会議 2014」の国際ソーシャルワーク連盟（International Federation of Social Workers：IFSW）総会および国際ソーシャルワーク教育学校連盟（International Association of Schools of Social Work：IASSW）総会において「ソーシャルワークのグローバル定義」が改定・採択された。二〇〇〇年七月にモントリオール総会で採択された定義以来、一四年ぶりの改定となった。

新定義は、本文と「注釈」で構成され、「注釈」はソーシャルワーク専門職の「中核となる任務」「原則」「知」

「実践」についての詳細が記されている。

この改定に際して「環境の中の人」「人と環境が相互作用する接点に介入」が定義本文から消滅していることや、「社会的結束（social cohesion）」や「集団的責任（collective responsibility）」など新しい語句・概念が挿入されている点に注目が集まった（社会福祉専門職団体協議会 2014）。また声高に指摘されないものの、二〇〇〇年定義には解釈部分にあった「エビデンスに基づく知（evidence-based knowledge）」の語が消えている。一方、学問としてのソーシャルワークのあり方を提示することが主題の一つとされ、「学問（academic discipline）」や「世界各地に根ざし人々が集団レベルで長期間受け継いできた知を指」（IASSW & IFSW 2014 : 2）す「地域・民族固有の知（indigenous knowledge：利便性から本書では基本、在来知と表記する）」なども盛り込まれた。この長くはない文書には、国連の資料に基づき作成された「先住民族（indigenous people）」の定義までが含まれている。社会福祉専門職団体協議会[1]の国際委員会は、二〇一四年定義では「知（knowledge）」の範囲が「幅広い」ことが強調され、「西洋中心主義や近代主義の超克」が目指されたと解釈している（社会福祉専門職団体協議会 2014 : 13）。

とはいえ在来知という語に首をひねった方も多かったのではないだろうか。なぜ新定義の本文のなかに在来知が躍り出ることになったのか。日本でも実際に「少数派（マイノリティ）」の人々と関わっているソーシャルワーカーも多いだろう。しかし北海道など一部を除き、「自分は先住民族の相談援助をしている」と認識する者はごくわずかと考えられることも、なぜこれほどまで在来知や先住民族を強調するのか腑に落ちない理由の一つなのだろう。

一方、新しいソーシャルワーク定義本文には「多様性尊重（respect for diversity）」（第四章）が加えられ、「人種・階級・言語・宗教・ジェンダー・障害・文化・性的指向」などが多数派と異なっていてもそれを尊重することが原理の一つとされた。先住民族もその中に含まれていても不自然ではなく、本定義では先住民族だけ別格の扱いのように思える。そんな戸惑いを覚えながら、日本の文脈で新定義をどう理解すればいいのか？

本章では、これまでのソーシャルワークの定義において知がどのように変化していったかを明らかにしたあとで、他分野における indigenous knowledge に関わる議論も参考にしながら、なぜグローバル定義で在来知が重視されているのか、また日本という場で在来知をどのように捉えたらいいのか考察する。

ソーシャルワークの定義の変化——一九八二年、二〇〇〇年、二〇一四年

ソーシャルワークを定義する試みは、これまで何度もなされてきた。日本国内には「社会福祉士及び介護福祉士法」第二条や、社会福祉・社会保障研究連絡委員会の報告書（日本学術会議 2003）に明記された定義もある。とはいえ、ＩＦＳＷによる国際定義が大きな影響力をもってきた。たとえば近年の社会福祉士養成課程における教育内容等の見直しの際に論拠の一つにされたのは、二〇〇〇年の国際定義であった。

ここで一九八二年にブライトンで採択されたＩＦＳＷ初の定義と、現行の社会福祉士養成のカリキュラムに影響を与えた二〇〇〇年の定義、そして二〇一四年のソーシャルワークのグローバル定義を引用する。

- 一九八二年定義

ソーシャルワークは、社会一般とその社会に生きる個々人の発達を促す、社会変革をもたらすことを目的とする専門職である（IFSW 2006：25）。

- 二〇〇〇年定義

ソーシャルワーク専門職は、人間の福利（ウェルビーイング）の増進を目指して、社会の変革を進め、人間関係における問題解決を図り、人びとのエンパワーメントと解放を促していく。ソーシャルワークは、人間の行動と社会システムに関する理論を利用して、人びとがその環境と相互に影響し合う接点に介入する。人権と社会正義の原理は、ソーシャルワークの拠り所とする基盤である（IFSW 2001）。

・二〇一四年ソーシャルワークの定義

ソーシャルワークは、社会変革と社会開発、社会的結束、および人々のエンパワメントと解放を促進する、実践に基づいた専門職であり学問である。社会正義、人権、集団的責任、および多様性尊重の諸原理は、ソーシャルワークの中核をなす。ソーシャルワークの理論、社会科学、人文学、および地域・民族固有の知を基盤として、ソーシャルワークは、生活課題に取り組みウェルビーイングを高めるよう、人々やさまざまな構造に働きかける。

この定義は、各国および世界の各地域で展開してもよい（IASSW & IFSW 2014 : 2）。

第二節　ソーシャルワークの知

定義における知の変化

このように定義本文の字面だけを見ると、「学問」と「在来知」は二〇一四年に突如出現したような印象がある。二〇一四年定義に加えられている解釈部分には「知（knowledge）」の項目がある。長くなるが、以下に引用する。

知

ソーシャルワークは、複数の学問分野をまたぎ、その境界を超えていくものであり、広範な科学的諸理論および研究を利用する。ここでは、「科学」を「知」というそのもっとも基本的な意味で理解したい。ソーシャルワークは、常に発展し続ける自らの理論的基盤および研究はもちろん、コミュニティ開発・全人的教育学・行政学・人類学・生態学・経済学・教育学・運営管理学・看護学・精神医学・心理学・保健学・社会学など、他の人間諸科学の理論をも利用する。ソーシャルワークの研究と理論の独自性は、その応用性と解放志向性にある。多くのソーシャルワーク研究と理論は、サービス利用者との双方向性のある対話的過程を通して共同で作り上げられてきたものであり、それゆえに特定の実践環境に特徴づけられる。

ここに提案した定義は、ソーシャルワークは特定の実践環境や西洋の諸理論だけでなく、先住民を含めた諸民族固有の知にも拠っていることを認識している。植民地主義の結果、西洋の理論や知識のみが評価され、諸民族固有の知は、西洋の理論や知識によって過小評価され、軽視され、支配された。この定義案は、世界のどの地域・国・区域の先住民たちも、その独自の価値観および知を作り出し、それらを伝達する様式によって、科学に対して計り知れない貢献をしてきたことを認めるとともに、そうすることによって西洋の支配の過程を止め、反転させようとする。ソーシャルワークは、世界中の先住民たちの声に耳を傾け学ぶことによって、西洋の歴史的な科学的植民地主義と覇権を是正しようとする。こうして、ソーシャルワークの知は、先住民の人々と共同で作り出され、ローカルにも国際的にも、より適切に実践されることになるだろう。国連の資料に拠りつつ、ＩＦＳＷは先住民を以下のように定義している。

- 地理的に明確な先祖伝来の領域に居住している（あるいはその土地への愛着を維持している）。
- 自らの領域において、明確な社会的・経済的・政治的制度を維持する傾向がある。
- 彼らは通常、その国の社会に完全に同化するよりも、文化的・地理的・制度的に独自であり続けることを望む。
- 先住民あるいは部族というアイデンティティをもつ（IASSW & IFSW 2014：45）。

まず、「知」の項目の一つめの段落に注目したい。ここに、ソーシャルワークは学際的で広範な科学的諸理論および研究を利用するという、ソーシャルワークの創立以来、あるいは「ミルフォード会議」（一九二三—一九二八年）以来の伝統を読み取ることができる。「ジェネリックとスペシフィック」という副題がつけられたミルフォード会議報告（一九二九年）には、ソーシャル・ケースワークは「自己の経験による知見から形成されたものと同時に、他の活動の組織領域や完成されている諸科学からの適用により、知識体系を構築する」（NASW 1993：42）と記されていた[2]。

しかしながら、ミルフォード会議と新定義で想定される知の間には大きな違いが存在する。伝統的なソーシャルワークとは異なり、グローバル定義ではソーシャルワーカーが基づく知として「ソーシャルワークの理論、社会科学、人文学」と「地域・民族固有の知（在来知）」とが並置された。図1－1の概念図で示したように、在来知は、従来のソーシャルワークの知である「自己の経験による知見から形成されたものと同時に、他の活動の組織領域や

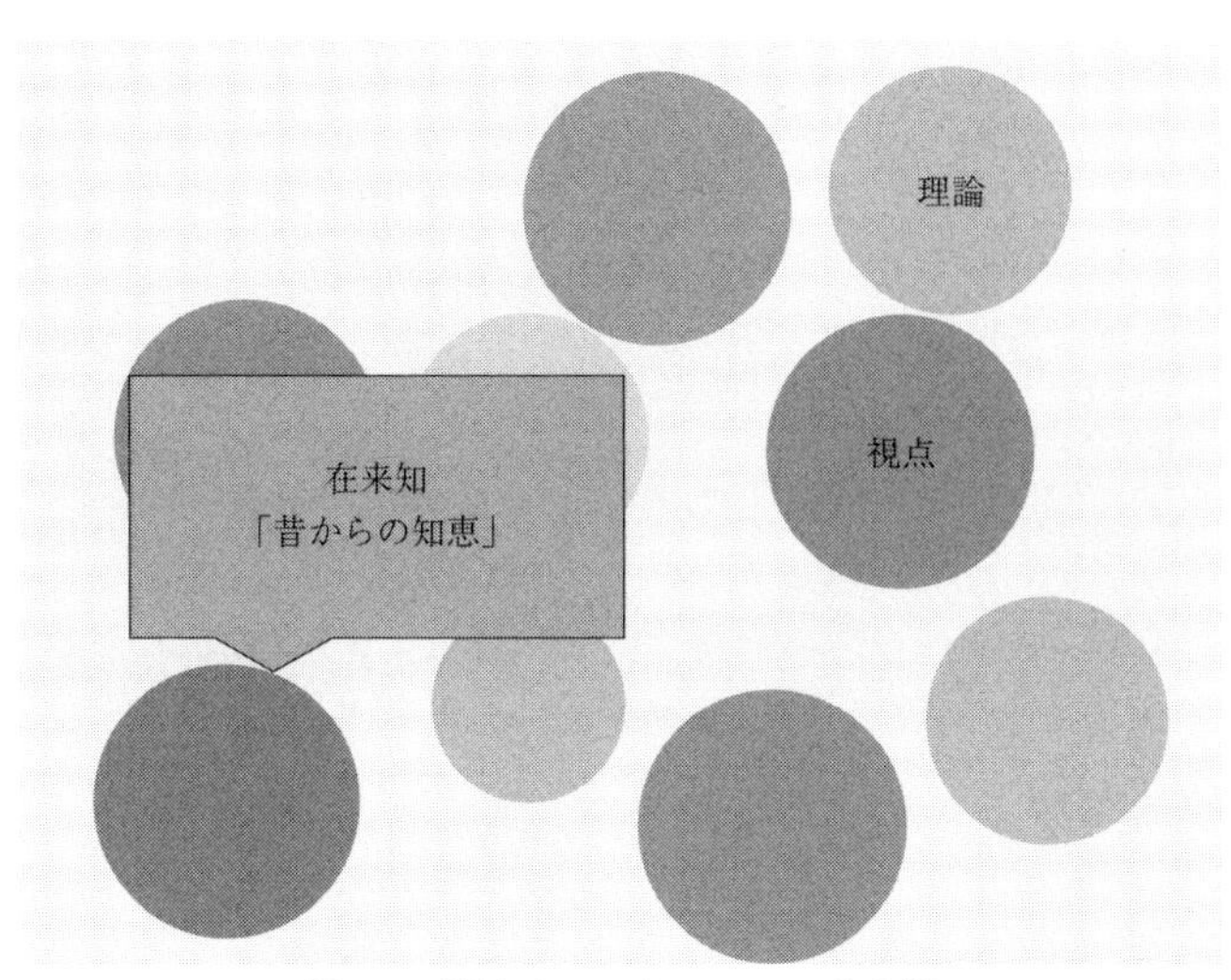

図 1-1　現在のソーシャルワークの知

完成されている諸科学」からなる「知識体系」(NASW 1993：42) と同位とされる。

解説部「知」の項では、「『科学』を『知』というそのもっとも基本的な意味で理解したい」と示されていた。この部分だけを読むと、何を指しているのかあいまいだが、「ここに提案した定義は、ソーシャルワークは特定の実践環境や西洋の諸理論だけでなく、先住民を含めた諸民族固有の知にも拠っていることを認識している」から始まる次の段落の布石であるとも理解できる。

ソーシャルワーカーという新しい職業が専門化を進める際に、アブラハム・フレックスナーによる一九一五年の講演が大きな影響を与えた (三島 2007：1-25)。このとき、医師を専門家のモデルとして、その属性 (一つの学問として体系化されている、組織化を進めるなど) を検討し、それらの属性を満たすと専門家になれるとする「属性モデル」がとられた。講演でフレックスナーは「現段階でソーシャルワークは専門職に該当しない」(Flexner 1915：588) と結論づけ (三島 2000：32)、それ以降、専門職化を目指すソーシャルワーカーたちは学際性を基礎とし

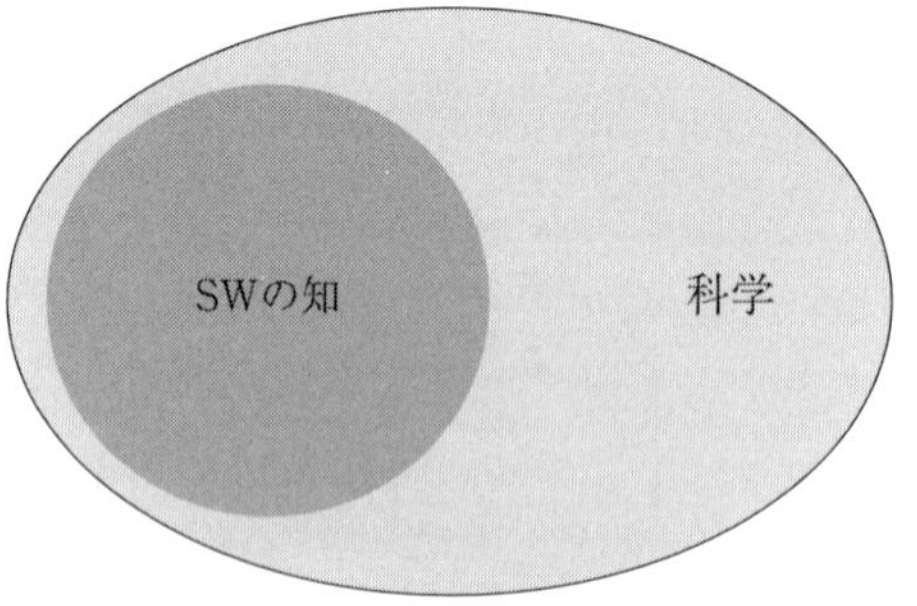

SWの知
科学

図1-2　フレックスナーの専門職論の影響下にあるソーシャルワークの知のあり方

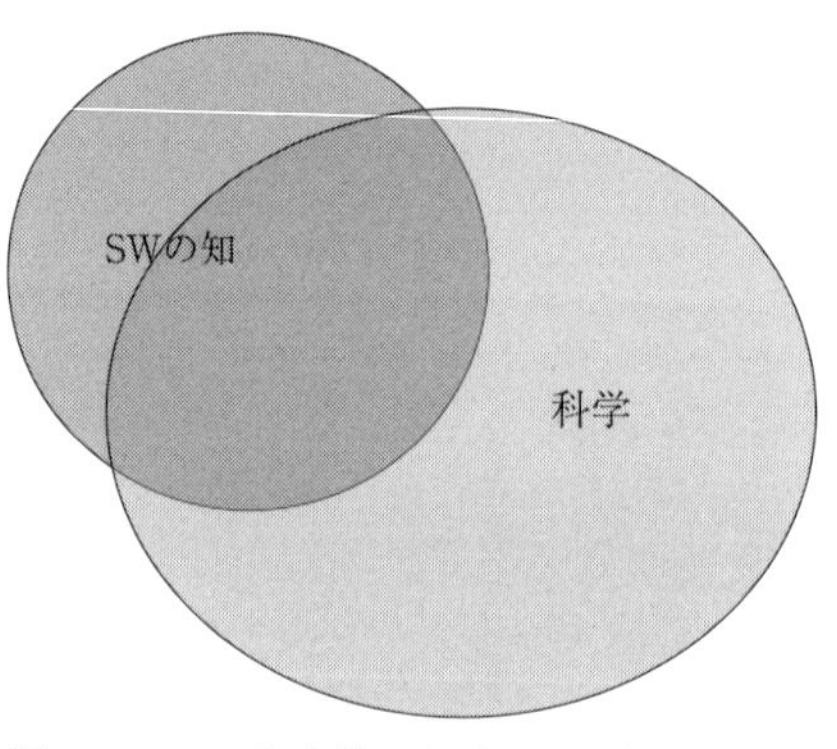

図1-3　2014年定義におけるソーシャルワークの知の設定のされ方

つつ、ソーシャルワーク独自の知を錬成し、学問として体系化を試み、科学化を志向してきた。ドナルド・ショーンのいうところの「技術合理性」モデル（Schön＝2001）をひた走ってきたともいえる。

その際、ソーシャルワークの実践の論拠となる知はもれなく科学的であることが望ましいとされた（図1−2）。ところが、二〇一四年定義における知は、図1−3に示したように、科学に裏書きされない在来知をも含むものとされたのである。

先住民族とソーシャルワーク

上記に引用した新定義の「知」の項目の第二段落目には、従来の知の説明を上回る分量の在来知に関する説明があった。これに対し、二〇〇〇年定義の本文では在来知に関する言及はなく、理論に関しては、「ソーシャルワークは、人間の行動と社会システムに関する理論を利用して、人びとがその環境と相互に影響し合う接点に介入する」とのみ記されていた。しかしながら、注釈部分には以下のような「地方の土着の知識（local and indigenous knowledge）」を尊重する旨の文面が含まれていた。

> 理　論
>
> ソーシャルワークは、ソーシャルワークの文脈でとらえて意味のある、**地方の土着の知識**（著者強調）を含む、調査研究と実践評価から導かれた実証に基づく知識体系に、その方法論の基礎を置く（IFSW 2001）。

一九九〇年代に英米のソーシャルワーク領域において、知を相対化する「ポストモダン論議」が盛んになされた。この流れでは、特にミシェル・フーコーの権力論がしばしば引用され、ソーシャルワーカーは「微視的権力」のエージェントなどとされたりした（三島 2007：191-200）。したがって、こうした二〇〇〇年定義のスタンスはなんら不思議なことではない。

しかしながら日本では、二〇〇〇年定義が策定されて以降、社会福祉士養成の国家試験やシラバス、教科書の類では頻繁に国際定義が言及されているものの、一部の例外を除き在来知についてはほとんど議論されてこなかった[3]。その理由として考えられるのは、①先住民族が相対的に少ないこと、それが一因になり②社会問題化もあまり進んでいないこと、③「地方の土着の知識」＝「日本固有の知」とする発想が生まれなかったことなどがあげられるだろう。

①について。二〇〇七年、国連本部でおこなわれた総会において「先住民族の権利に関する国際連合宣言」が採択された。これを受けて日本では、翌二〇〇八年六月に衆参両院で「アイヌ民族を先住民族とすることを求める決議」が採択され、日本政府はアイヌ民族を日本の先住民族と認めた。二〇一三年時点で北海道に居住するアイヌの

人口は一万六千七八六名で、二〇〇六年調査では二万三千七八二人である（北海道環境生活部 2013）。首都圏など他の地域に居住していることが考えられるが（公式な統計がなく不明）、仮に二〇〇六年の数値で計算してみると日本の人口（二〇一三年時点で一億二五七〇万人）に占める割合は〇・一八九％である。他方、オーストラリアの先住民族アボリジナルの人々の人口は三五万人、人口の約二％を占め、アイヌ人の人口割合に比べ約一〇倍になる。この差が人々の無関心の背景として考えられる。

他方、沖縄の人々を「先住民族」とするべきとの見解もある。国連は二〇〇八年に沖縄の人々を「先住民族」と公式に認め、日本政府に琉球・沖縄の言語や文化、歴史の保護などを求め過去四回勧告を出した。二〇一四年八月には国連人種差別撤廃委員会が沖縄の人々の権利を保護するよう勧告する「最終見解」を発表した（『琉球新報』二〇一六年四月二八日）。これに対し、「日本政府は、日本にアイヌ民族以外に少数民族は存在せず、沖縄の人々は日本民族で、人種差別撤廃条約の適用対象にならないと主張している」（同上）。

公的に先住民族と認められているアイヌ人とのじかのふれあいがほとんどないという事実は、②の彼らの抱える問題に対する無関心を招く。中村康利によるアイヌ民族の貧困に関する論考（中村 2007：2008）などはあるものの、福祉領域における議論は福祉とアイヌ民族の関わりを考察した新家江里香の真摯な論考（新家・秋辺 2001）を除いて皆無といっていい。沖縄の貧困については、しばしばマスコミのなかでも指摘され、研究対象にもなっており、貧困は可視化されている。しかし沖縄の人々を「公的」に先住民族とみなさないという現実から、一地方都市の貧困として処理されている。

③「地方の土着の知識」（IFSW 2001：1）、「先住民を含めた諸民族固有の知」（IASSW & IFSW 2014：4）と言ったときに「日本固有の知」あるいは「日本のある地方で培われた知」を当てはめて考えることはあまりなされなか

ったといえる。たとえばヨーロッパ諸国にも様々な言語や文化があり、民族が住んでおり、国民国家が形成される時に植民地化された地域があるものの、本定義では言及されないことと共通するのかもしれない。「植民地主義の結果、西洋の理論や知識のみが評価され」たために、日本に伝わる「土着の知」が「西洋の理論や知識によって過小評価され、軽視され、支配された」と認識することは余談でしかなかった。超少子高齢化の道を進む日本において、二〇〇〇年当時は、ソーシャルワークの知をゆるぎないものとして他にアピールし、その地位を固める必要性があった。そこで、この定義がエコロジカル視点に基づくものであることを中心に注目が集まったといえる。

第三節　さまざまな学問領域における indigenous knowledge（在来知）

在来知という可能性

次に、indigenous knowledge（在来知）という語そのものに注目したい。indigenous はラテン語の indigena が語源であり、特定の場所で自然に生まれた、もしくは起こったもので、外部からその地に持ち込まれたものではないものを指す（*Oxford Dictionary*）。ソーシャルワークの一分野とされる Indigenous social work とは「先住民族に関する、先住民族とともに実践する、先住民族による、文化に根差したソーシャルワーク」（Gray, Coates, Yellow Bird 2008 : 8）である。またソーシャルワーク領域において、indigenous の語尾が変わり「現地化（indigenization）」となると、①先住民族の生活を脱植民地化し伝統的な先住民族の価値に基づいて真の自己決定を再び手に入れること、②西洋的なソーシャルワークの理論や方法を現地の文脈に適合させること（Yellow Bird 2008 : 286-287）を意味する語になり、少々紛らわしい(4)。

二〇一四年定義における在来知の訳語は、最終的に「地域・民族固有の知」に定まったが、二〇一二年一二月に示された第四案では「各地の土着の知識」、二〇一三年四月の第五案では「先住民の知」と訳されていた（いずれも社会福祉専門職協議会国際員会訳）。先述したように、二〇〇〇年定義の日本語訳の最終版では「土着の知識」となっていた。

ソーシャルワーク領域以外に視線を向けても、「土着の知」「在来の知」「地域固有の知識」など indigenous knowledge の日本語訳は多様である。ちなみに中国語圏では、「郷土知識」「当地人民的知識」「土著知識」「原住民知識（主に台湾）」などと訳されている。

二〇〇七年に採択された国連の「先住民族の権利に関する宣言」の前文では、「先住民族の知識（indigenous knowledge）、文化および伝統的慣行の尊重は、持続可能で衡平な発展と環境の適切な管理に寄与する」とされ、第三一条一項には以下のように記されている。

> 先住民族は、人的・遺伝的資源、種子、薬、動物相・植物相の特性についての知識、口承伝統、文学、意匠、スポーツ及び伝統的競技、並びに視覚芸術及び舞台芸術を含む、自らの文化遺産及び伝統的文化表現並びに科学、技術、及び文化的表現を保持し、管理し、保護し、発展させる権利を有する（UN 2007：16）。

ここに在来知として想定されているのは、先住民族の遺伝情報や社会で昔から伝わる薬や動物や植物など自然環境（Gray, Yellow Bird, Coates 2008：52-54）に関する知識から物語、デザインやアートまでさまざまなものである。たとえば日本では、アイヌの伝統を自然環境保護に活かそうという取り組み（淀野 2004）などがある。

いっぽう、日本人が昔からはぐくんできた知恵（伝承が途絶えた場合もある）を在来知と位置付け、それを掘り起こそうとする研究や取組みもある。たとえば琵琶湖周辺に住む人々がもっていた湖水を汚さない生活の知恵や、津波から身を守る言い伝えがあげられる。

琵琶湖周辺に住む人々がもっていた湖水を汚さないための工夫とは、次のようなものだ。「集落を流れる水路はわざと蛇行させて窪地をつくり、汚物を沈殿させて定期的に汲み上げて肥料とした。水路で下着やオムツを洗うことは強く戒められ、オムツはタライで洗い、洗い水は便所に入れる習慣もあった。また、風呂の落とし水は便所に小便と一緒にため、二、三日に一度の割合で汲み出して、畑の肥料とした。さらに、食器などを洗う川の洗い場ではコイを飼ってご飯つぶなどを餌として食べさせ」（梅本 2002）る。

また古来、津波の被害を受けてきた地域では、地震が来たら家に貴重品や荷物を取りにいったり家族を探したりせず、各自てんでばらばらに高台へ逃げ、自分の命は自分で守れという伝統的な経験知がある。東日本大震災の時に効果をあげた防波堤・防潮堤はあったものの、多くの場所で波はそれらを軽々と乗り越えて押し寄せ、町を破壊した。人間の命を守ったのは近代科学の枠を集めた建造物ではなく、この昔からの言い伝えであった場所は多い。福岡浩は「研究者としては、そうした言い伝えを実証的に研究し、合理的な背景から生まれたものは共有財産として生かしていきたい」と述べている（福岡 2014）。

注目するべきは、東日本大震災の報道のなかで、昔からの知恵として紹介された「津波てんでんこ」であったが、当時、すでに有効な在来知として掘り起こされ、調査、研究、教育といった知的な営みを経ていたということだ。そのことは、釜石市に住む女性がアルジャジーラ・テレビに語った次のような言葉からも分かる。

てんでんこという言葉自体は、（著者注・女性の）子どもが学校でそういう防災教育をしてきたときに、てんでんことという言葉を聞いて、で、どういうことかということは分かったんですけど、てんでんことは言わなかったんですけど、結局私が小さい時から地震が来たら、津波が来るから、高いところに逃げろ、家には帰ってこなくてもいいからとにかく一人でいいから、高いところに逃げて生き延びなさいという教えが、結局はてんでんこっていうことだったんだと思ったんですけど（Al Jazeera 2012）。

岩手県釜石市といえば、この在来知に基づいた津波からの避難訓練を重ね、東日本大震災では市内の小中学校の全児童・生徒計約三千人の生存率が九九・八％と被災地のなかでも群を抜いており、「釜石の奇跡」とも讃えられた地域である。女性は、幼いころから津波が来たらすぐに高台に逃げるようにと大人から教えを受けていたものの、「津波てんでんこ」という言葉は聞いたことがなかった。この言葉を初めて耳にしたのは、女性の子どもが学校で受けた防災教育であったという。現に、この言葉は一九九〇年代に名付けられ、防災教育で用いられるようになったものであった(5)。

たすけあいの在来知

では、福祉に関係する在来知には、どのようなものがあるのだろうか？　『世界の先住民族ソーシャルワーク（Indigenous Social Work around the World）』（Gray, Coates and Yellow Bird eds. 2008）という本を手に取ると、先住民族の社会にある概念が説明されている。たとえばニュージーランドのマオリ族の whanaungatanga（関係の構築または縁故）（Ling 2008：97-106）、マレーシアのサラワク州の先住民族の tolong-menolong（相互扶助）や gotong royong（組織化されたグループやコミュニティでの活動）など（Wheturangi 2008：112）。日本なら、農村などで各家が労働力を交換し合う慣習の「ユイ」や、共同で物を所有したり仕事したりすることや漁村で漁獲物を平等に分けることを指す「モヤイ」、信仰を基礎とする集団の「講」における相互扶助的なおこないなどが紹介されているような印象だ。

日本の在来知の事例としては他にも、昭和初期まで京都市街地の北部に位置する岩倉で多くの精神病患者が暮らしていた史実があげられるかもしれない。一九〇六年、呉秀三の案内でロシアの精神科医、ウィルヘルム・スティーダが見学に訪れ、称賛したとの逸話が伝わる。しかしながら、第二次世界大戦時の食糧難、一九五〇年代の近代的な精神病院の設立などにより、この在来知は廃れた。現在は、コンクリートでできた近代的な病院が点在する場所になっている。

また、民生委員制度には在来知が加味されていたことは、あまり知られていない。この民生委員制度の始まりを、岡山県の「済世顧問制度」とともに、大阪府の「方面委員制度」に求めることができる。方面委員制度は「一九一八年に当時の大阪府知事林市蔵とその政治顧問だった小河滋次郎がドイツのハンブルクで行われていたエルバーフェルト・システムを元に考案したものである」（Wikipedia）などと紹介されることが多い。コンパクトな福祉関係の辞書からも引用してみよう。

一九一八年に、林市蔵大阪府知事が、府救済事業指導嘱託であった小河滋次郎の協力を得て創設した組織的救済のための制度に始まる社会事業行政補助制度。方面とは小学校通学区域（二五〇〇世帯程度）を指し、一方面に無報酬の方面委員一五～二〇人を配置して貧困者の実態を調査し、個別救護を実施した。先行する岡山の済世顧問制度が則闕主義であったのに対して、必置主義とされ、大阪市内および府下に順次配置されていった。その後の数年間でこれをモデルとする方面委員制度が全国に広がることとなった（小笠原 2013a：344）。

一九一八年一〇月に「方面委員規程」が交付される六年前の一九一二年に、小河はエルバーフェルト制度を紹介した『社会問題救恤十訓』を出版している。しかし、江戸時代の思想家、自然哲学者である三浦梅園（一七二三―一七八九）や、朱子学者の室鳩巣（一六五八―一七三四）による『六諭衍義』（教育勅語にも影響を与えた）にも言及があり、この「美風」の上に「我が独特の救済制度」を構築したいと表明している。規程の交付の際にも、小河はエルバーフェルト制度に加え、中国の審戸制度、江戸時代の五人組制、岡山県済世顧問制度、東京慈善協会救済委員制度等について詳細な研究を行ったという[6]（金井 2008：16）。「我國に於ける方面委員制度の背影の一つとなった五人組制度」（草葉 1936：21）というような認識は、創立時にある程度共有されていた。

第六章で言及するように、これまで日本や極東アジアの在来知が称揚される時、ファシズム的な気運のなかでの場合が多かったため、注意が必要だが、上記のような小河の研究は、方面委員制度が「エルバーフェルト・システムを元に考案」されたとするストーリーとは大きく異なり、ソーシャルワークを輸入した時に在来知の影響も少なからずあったことが分かる。

医学領域の在来知――必要不可欠とされるエビデンス

いっぽう、ソーシャルワーカーの専門職化に大きな影響を与えてきた医学の領域では、在来知に関してどのような姿勢で望んでいるのだろうか。

ＷＨＯの定義では、「伝統医療（traditional medicine）」は「それぞれの文化に根付いた（indigenous）理論・信心・経験に基づく知見、技術及び実践の総和であり、健康を保持し、さらに心身の病気を予防、診断、改善、治療することを目的」とするものとされ、indigenous の語が用いられている（厚生労働省 2012：3）。伝統医療とは、具体的には日本の漢方や中国医学、インドを中心としたアーユルヴェーダなどを指す。

またアメリカでは一九九〇年代ごろから伝統医療と近代医学を組み合わせた「統合医療（integrative medicine）」が注目されるようになった。米国衛生研究所 相補・代替医療センター（National Center for Complementary and Alternative Medicine：NCCAM）による統合医療の定義は以下である。

「統合医療」とは、従来の医療と、安全性と有効性について質の高いエビデンス（high-quality evidence of safety and effectiveness）が得られている「相補・代替医療（ＣＡＭ）」※とを組み合わせたものである。(7)

※厚生労働省の資料によると、「相補・代替医療の例」として「はり・きゅう」「断食療法」「サプリメント・健康食品：ハーブ療法を含む」「温泉療法」「森林セラピー」などがあげられている（厚生労働省 2012：4）。

ここでみられる姿勢とは、「相補・代替医療」の効果のエビデンスが取れれば、積極的に治療に組み入れていこうとする姿勢である。なぜ身体中に「ツボ」があり、そこを指圧したり針で刺激したりすると体の不調が改善するのか、そのメカニズムを医学的に説明することに専心するのではなく、効果のエビデンスがあれば、西洋医学と組み合わせて相乗効果を期待する姿勢である。

とはいえ医療にまつわる在来知のなかには、現在では到底再現できないものもある。たとえば、伝統医療の一部では、ヒトの「生肝」など人体の一部が薬とされたが、現在では人道・倫理に反し刑法に問われる。現代では社会通念上受け入れらない施療・投薬を排除し、効果が得られるものだけを取り入れる。当たり前ともいえるが、こうした態度が統合医療には求められている。

また福祉に関わる在来知に関する医学領域の研究もある。応用健康科学、公衆衛生学、健康科学、地域研究などが専門分野という医師の山縣然太朗らは、「相互に金銭を融通しあう目的で組織された講」である「無尽」に焦点を当て、調査研究を行っている。無尽は、山梨では今も定期的な会合、食事会、飲み会として盛んにおこなわれているという。そして、「無尽に月一回以上参加する人は、参加しない人に比べて、一年後に健康を維持している確率は一・八倍高い」エビデンスがあるという（Kondo, Minai, Imai, Yamagata 2007, 山縣 2014）。この研究において無尽は、社会関係資本（social capital）であり社会的結束（social cohesion, 第五章参照）を促進する在来知としても位置付けられている。

第四節　日本の福祉にまつわる在来知

在来知としての京都・岩倉

新定義の「知」の項目には、「植民地主義の結果、西洋の理論や知識のみが評価され、諸民族固有の知は、西洋の理論や知識によって過小評価され、軽視され、支配された」（IASSW & IFSW 2014：4-5）と記されていた。確かに、ソーシャルワークのテキストの類には外来語であることを示すカタカナが多くみられ、それが「西洋」で議論され、輸入されたものであることが確認できる。現に「輸入したソーシャルワークの知識や技術は日本の社会に合わないのではないか、日本風にアレンジしなくてはならないのではないか」という議論は、日本のソーシャルワーク＝社会事業が始まった頃から盛んになされた。

ところが、在来知という観点から今ある福祉をひも解くと、多少形を変えた在来知の影が残されていることが分かる。山縣らの研究は、今も残る在来知の片鱗は、人々の社会関係資本になり、社会的結束となっていることの証明でもあった。また民生委員制度は、実は江戸時代の在来知などを参考に制度設計されたものであった（金井 2008：16）。そこで新定義に付された文章、「諸民族固有の知は、西洋の理論や知識によって過小評価され、軽視され、支配された」（IASSW & IFSW 2014：4-5）という見立ては正しいのかという疑問が生じる。

日本の福祉的な在来知と考えられる前出の京都岩倉について、中村治の『洛北岩倉と精神医療――精神病患者家族的看護の伝統の形成と消失』を参考に検討してみたい。戦中、ソーシャルワークという単語のなかにある社会という言葉について、歴史哲学者の由良哲次は、日本あるいは東洋における「社会の特質」は、「伝統的社会」であり「宗教的核心をもつていた」（由良 1942：8）と述べた。確かに、福祉的な在来知にとって宗教は切り離せないことが多い。

大雲寺の公式ホームページを訪れると、「ご利益（りやく）」の欄に「脳病（首から上）平癒の観音霊場として平安時代から朝野に知られ、精神疾患者に霊験があるとして多くの参詣者・参籠者を集めました。今日もご利益を求める善男善女の参拝が絶えません[8]」とある。岩倉には、後三条天皇（在位一〇六八―一〇七二年）の第三皇女が精神病を患った時に、大雲寺の観世音に祈り、井戸水を飲むと病が治ったという伝承（「御香水之由来（おんかうずいのゆらい）」）があり、後に精神病患者が集まるようになったという。患者は岩倉の茶屋や農家などに宿泊していた。

ところが、一八七五年に日本最初の公立精神病院となる「京都癲狂院」が南禅寺（京都左京区）に設置され、同時に岩倉で患者を預かることが禁止された。しかしながら、財政難から一八八二年に京都癲狂院は閉鎖され、岩倉に患者が戻りはじめる。そして一八八四年には私立岩倉京都癲狂院が設立された。一九九〇年の「精神病者監護法」では、旅館や民家においてみだりに患者を「監護」することが禁じられたのに関わらず、岩倉の宿屋や農家における「患者預かり」はなくならなかった（中村 2013：3-5）。しかし「第二次世界大戦の激化による食糧難などで急速に衰え、一九五〇年の精神衛生法が施行されてほとんどなくなった」（中村 2013：120-121）。

橋本明は、岩倉について精神医療関係者に流布した「陳腐」な言説があるという。

> 平安時代の後三条天皇の皇女が精神病を患ったが、岩倉・大雲寺の霊泉により治癒したという伝説から、多くの精神病者が集まり、やがて茶屋・宿屋や農家での患者預かり（家族的看護）へと発展した。近代になると、精神病院での閉鎖的な治療環境とは違う、保養所（かつての茶屋・宿屋）での自由な雰囲気は患者が暮らす場所として理想的であると海外でも知られるようになったが、戦中・戦後の食糧難、精神医療の法制度の変化などによって、患者預かりは消滅した。振り返れば、戦前の岩倉のシステムは、入院医療中心の精神医療に対抗する地域精神医療の先駆けとして高く評価される云々（橋本 2013：93）

古からの岩倉での暮らしや生業のあり方、精神障害者とのかかわりのあり方が在来知の一つとみなされ、西洋からやって来た近代医学の普及が原因で、それが滅びてしまったストーリーと、その在来知を惜しむ思い。これは在来知が「西洋の理論や知識によって過小評価され、軽視され、支配された」（IASSW & IFSW 2014：4-5）というグローバル定義のストーリーと重なるといえるだろう。仮にこれをストーリーⓒとしよう。ストーリーⓒは、反精神医学や精神病院の脱施設化、また反専門職主義の流れ以降の言説であるのだろう。こうした物語を橋本は「後三条天皇の伝説以上に伝説的で陳腐化した、従来の岩倉言説」とした。このストーリーには、先行するストーリーがある。

明治初期までの岩倉のストーリーといえば、Ⓐ後三条天皇の皇女の伝説であった。中村によると「御香水之由来」の伝承は、「大雲寺自らが精神医療についての効能を書き記したもので」、歴史的な寺の盛衰からも、「体裁から」みても、この話が流布するようになったのは「そう遠い昔ではな」いという（中村 2013：23）。実際、岩倉が患者預かりで栄えるのは江戸時代後期であった。

これに続くストーリーは、Ⓑ近代化を進め脱亜入欧の流れのなかで従来の岩倉の「精神障害者家庭的看護」を野蛮で無知蒙昧なやり方だとして批判するものであった(9)。

京都府知事・長谷信篤宛の「癲狂院設立ニ付建言」の一部、栞政輔が提出した「癲狂病生之儀ニ付言上書」（四月二二日）が以下だ。

一種ノ神経病ヲ療スル癲狂病院ノ設ケ無キ一ノ欠典ニ属スヘシ蓋シ世人愚ノ甚シキニ至リテハ此病ヲ以テ神ノ祟リ或ハ呪詛或ハ狐狸ノ所為抔ト虚誕ヲ唱ヘ妄説ヲ信シ医療ヲ乞ハサルノ悪弊甚シ已ニ管下愛宕郡北岩倉大雲寺ノ如キハ蔽屋ヲ設ケ此患者ヲ之レニ籠シ徒ラニ佛ニ託シテ世話料且飯料等ヲ貪リ之レカ為許多ノ金ヲ費サシメ病乱ノ愈サル而已ナラス却テ困究ニ陥ル（京都府史政治部衛生類 1875：490–493）

精神病は、神や仏の祟りであるとか、キツネやタヌキのしわざであると誤解されてきた。岩倉にある大雲寺では、この病の治癒を祈願するため朝夕お参りする精神病患者が多い。（とはいえ、なかには精神病患者でない、厄介払いされた人もいたらしい）。患者の処遇は「残酷」で、寒い時期であっても縄で縛って泉や池に浸からせ、病状を悪化させている。そうでない場合にあっても、脅して抑圧したり、空気さえ通らない場所に閉じ込めたりして衰弱させ、おとなしくさせているに過ぎない。神頼みのみで適切な治療をせず、宿を提供し、時に患者を拘束して金だけ取っている。こうした趣旨の「癲狂院設立趣意書」（京都府庁文書布令書 8-8：1875）は、「言上書」と同様に、ストーリーⒷの文脈にあるといえる。ここでは、在来知が非科学的な「悪弊」とみなされている。そしてこれは当時の為政者―科学者―知識人が共有するものであった。中村は、「そのようなことは、病院も有効な薬もなかった時代には、日本全国どこででも行われていたことで」、岩倉だけ「批判されるべきものとは思われない」（中村 2013：30）と疑問を寄せる。

なぜ岩倉の在来知は廃れたのか

中村は岩倉の「家族的看護」を可能にしたものとして、岩倉の地理的環境が良かったこと、地域経済にプラスであったこと、伝統に支えられた住民の意識や行動などをあげた。しかしながら、その伝統は廃れた。その原因を次のようにまとめている。

①　「精神病患者預かりによる風評」

保養所が多く建設されたのは大正時代であった。このとき、地元住民からの反発があったというが、その背景には他の地域からの差別の視線があったという[10]。

②「患者預かりによる経済的潤いの減少」

戦前、「患者預かり」は「強力[11]（合力とも。滝で水浴びする指導などを行った）」、「看護人」や「飯炊き係」などの雇用を生み、米やたきぎの消費も増え、経済的に地元に貢献した。ところが近代的な医療をおこなった岩倉病院の場合、一九二二年にボイラーを設置してからは、石炭を利用するようになり、岩倉の薪を使うことがなくなった。また米も一九二七年に京都市中央卸売市場ができてからは安い朝鮮から輸入した米を使うようになった。精神病院は、それまで地産地消で地元の経済を潤していたが、それもなくなった。また保養所だった頃と比べて、病院はたいして雇用を生み出さなかったという。

③「地域共同体の崩壊と寛容度の低下」

昭和二〇年代より以前、表立った反対運動が起きなかった原因は、「病院の経営者に村の有力者が多かっただけでなく、病院経営者や有力保養所経営者と地縁や血縁でつながった家が多く、地域共同体が比較的しっかりしていた」からだという。一九二八年に鞍馬鉄道が開通し、京都に通勤できるようになり、現金収入獲得のための選択肢が広がり、村民の間で利害が一致しにくくなってきた。そして一九七〇年代頃から岩倉外からの流入により人口が急増し、地域共同体の崩壊が加速していったという。

④「閉鎖病棟の急激な開放化」

一九七〇年、五人の医師が「大学解体、医局解体闘争を闘った青医連（著者注・青年医師連合）の問題意識をもって岩倉病院に就職し、この若手医師たちが解放医療を進め、患者は付添人なしに出歩けるようになった」（岩倉病院史編集委員会 1974：57）。また患者が働ける場が激減しつつあったことから、同病院は一九七九年に共同作業所を作ろうとすると、地域住民からの反対運動が起こり、解放医療に対する苦情も噴出した（中村 2013 : 127–128）。

⑤「農作業や暮らしの機械化」

比較的広い農地をもつ農家にとって、以前は「安い賃金で稲刈りのような重労働を作男のようにやってくれる患者は、ありがたい存在であった」（中村 2013 : 127）。ところが戦後、農地解放により大百姓はいなくなり、機械化が進められ、患者は農作業の際にありがたがられる存在ではなくなった。患者の仕事として水くみがあげられることが多かったが、電気ポンプの設置や水道の敷設により、その必要がなくなった。薪づくりや洗濯の作業も電気機器などの導入により不要になった。「患者はいわば失業したと言ってもよい[12]」（中村 2013 : 128）。こうした傾向は、ドイツのゲール（ヘール）も同様であるという。

こうした日本の福祉にまつわる在来知が廃れていった理由を概観すると、二〇一四年定義にあるような「諸民族固有の知は、西洋の理論や知識によって過小評価され、軽視され、支配された」という見立てと不協和音を奏でているといえる。なぜなら、この見立ては上記のような岩倉における精神障害者の暮らしを支える生活のあり方が廃れていった原因とずれるからである。

確かに、明治初頭に近代的な精神病院の導入を試みる際、西洋化が在来知を駆逐していったという構図はこの見立てと合致する。岩倉における「患者預かり」を野蛮で因習的な手法として非難し（ストーリーⒷ）、放逐しようとする動きがあったからだ。たとえば、京都癲狂院の設立に尽力したといわれている人物、第二代京都府知事槇村正直、科学者の明石博高、山本覚馬（京都府顧問、新島襄の妻八重の実兄）らは（栗栖 2016 : 36）、おおむねこのストーリーを生きていたのであろう。[13] しかし、中村による岩倉の在来知が途絶えた主な理由は、農業の機械化、鉄道の敷設や自家用乗用車の普及による村人の就業形態の変化や人口増など「西洋化」とは直接関係なく、この視点のみですべての状況を説明することはできない。[14] したがって、ソーシャルワークのグローバル定義の西洋化に関する部分も、状況によっては額面通りに受け止める必要はないように思う。

危険な在来知

現在ソーシャルワーカーは、多様性を尊重し、在来知はソーシャルワークが実践の礎とする知の一つとなった。ここで問題になってくるのは、在来知の危険性である。たとえば、岩倉の在来知にしても、現在の倫理や価値観、人権、患者の権利などと照らすと、問題は多かったのではないかという痕跡が残っている。

「当山参籠につき御条目并茶屋共請書」（一七九九年）によると、もともと患者には付き添いで家族などが介抱していたが、この書が出る少し前までに「強力」と呼ばれる専門の「介抱人」が働くようになったという。ところが、「強力」のなかには「手ごわい病人をみだりになぐる、食事も与えない、縛っておいて自分は遊びに行く、婦人を慰み者同様に扱う、参籠人にばくちを勧める」など問題を起こす輩もいたという（中村 2013：20‒21）。大雲寺や茶屋を監督していた実相院は、こうした介抱人を追放するなど、次第に介抱人に対する監督体制は強化されていった。

現在を生きる先住民族や少数民族、さまざまな宗教の慣習や生活習慣が、その社会の誰かの人権を踏みにじることになる可能性はあるということは容易に想像できる。そのため、この新定義の注釈部には、次のような文が含まれている。

「危害を加えないこと」と「多様性の尊重」は、状況によっては、対立し、競合する価値観となることがある。たとえば、女性や同性愛者などのマイノリティの権利（生存権さえも）が文化の名において侵害される場合などである。『ソーシャルワークの教育・養成に関する世界基準』は、ソーシャルワーカーの教育は基本的人権アプローチに基づくべきと主張することによって、この複雑な問題に対処しようとしている。そこには以下の注が付されている。

文化的信念、価値、および伝統が人々の基本的人権を侵害するところでは、そのようなアプローチ（基本的人権アプローチ）が建設的な対決と変化を促すかもしれない。そもそも文化とは社会的に構成されるダイナミックなものであり、解体され変化しうるものである。そのような建設的な対決、解体、および変化は、特定の文化的価値・信念・伝統を深く理解した上で、人権という（特定の文化よりも）広範な問題に関して、その文化的集団のメンバーと批判的で思慮深い対話を行うことを通して促進されうる（IASSW & IFSW 2014 : 3-4）。

社会のマイノリティを顧みない文化や伝統がある（たとえば、同性愛を罪とみなし死刑に処する宗教など）。そうした場合、ソーシャルワーカーは「人権アプローチ」に基づくべきであるという。そこで人権の観点から問題がある場合、「建設的な対決、解体、および変化」へむけて、「文化的価値・信念・伝統を深く理解」したうえで「その文化的集団のメンバーと批判的で思慮深い対話」がなされるべきであるとされた。

第五節　ソーシャルワーカーが反省すべきこと

新定義に先住民族などがもつ在来知への特別な敬意が込められた背景

前節でみたように、在来知の復権あるいは存続は、基本的人権の尊重まで言及せねばならないほどリスクである場合もあった。にもかかわらず、二〇〇〇年定義では解説部分に一語含まれるのみであった indigenous という語が、二〇一四年の新定義では本文中を含め八か所言及され、その数は飛躍的に伸びている。またソーシャルワークのグローバル定義が採択された二〇一四年のＩＦＳＷ・ＩＡＳＳＷのメルボルン会議の開会式では、オーストラリアの先住民族・アボリジナルの笛で始まり音楽やダンスが披露され、シンポジウムには四人のアボリジナルの実践家や活動家が登壇したという（藤原 2014）。このように、同会議は先住民族に対して多大な関心をもち敬意を払うものであったようだ。

国連が一九九三年を「世界の先住民の国際年」とし、一九九五―二〇〇四年を「世界の先住民の国際の一〇年」、二〇〇五―二〇一五年を「第二次世界の先住民の国際の一〇年」に指定したように、世界的にも先住民族の文化や権利に関心が向けられてきた。とはいえソーシャルワーカーはなぜ、これほどまで先住民族や彼らの知に注目をすべきなのだろうか？

ＩＦＳＷ事務局長であり二〇一四年定義の責任者であったローリー・トゥルーエルによる報告書には、以下のように言及されている。

> 西洋のソーシャルワーク・モデルが極度の弊害をもたらすことを身をもって経験した先住民族ソーシャルワーカー（indigenous social worker）にとって、（著者注・在来知は）主たる関心であった。西洋のモデルは先住民族のコミュニティに恐ろしい結果を強いたのである（たとえば、ソーシャルワーカーはオーストラリアの「盗まれ

た世代（Stolen Generation）」に積極的に関わっていたことや、西洋の影響を受けたソーシャルワーカーが世界中の先住民族が血縁関係と集団を大切にする文化だということを理解しなかった経験などがあげられる）（Truell 2014：1-2）。

「盗まれた世代」とは、オーストラリア政府の政策によって、先住民族の家族から強制的に引き離された子どもたちのことをいう。一八六九年から一九七〇年頃まで、ヨーロッパ社会へ同化させるべく一〇万人以上の幼い子どもたちが孤児院や教会、白人家庭に送られた（榎澤 2006）。その政策に同調し実務に携わった専門家こそが、ソーシャルワーカーであったのだ（National Inquiry into the Separation of Aboriginal and Torres Strait Islander Children from Their Families 1997：28-29：Crey & Fournier 1998）。オーストラリアやニュージーランドに住む一部の人々、とりわけ先住民族にとって「赤ん坊泥棒（baby snatcher）」は「ソーシャルワーカー」とイコールで結ばれていたし、今もそう考えている人も多いという（Faith 2008：250-251）。

こうした過去を葬り去るのではなく、ソーシャルワーカーとしてきちんと向かい合い、反省することが求められたといえる。その一つの表れとしての知の変化、つまり在来知を理論的基盤の一つに加えた新たな観点から実践をおこなおうとする変化があったといえる。

ソーシャルワークの「科学」化とその「弊害」

こうしたソーシャルワーカーの過去の「罪」は、人種や民族のみで切り取ることはできない。過去を振り返ると、ソーシャルワーカーたちは貧困に陥った人々に対しても同様の関与をしてきたことが明らかになっている。たとえばソーシャルワークの定義が刷新された二〇一四年にも、スイスで一八五〇年代から二〇世紀後半に至るまで、何千人もの子どもたちが農村部に送られ安い労働力として酷使され時に虐待されていたことが報道された（Puri 2014）。子どもたちは都市部の貧困家庭や内縁関係の家庭から強制的に引き離されたのだが、ここでもソーシャルワーカーが関わっていたという。さらに二〇世紀初頭から一九七〇年代にかけてのアメリカで、貧困を理由に本人の承諾なしに断種手術が施されたときも、ソーシャルワーカーが関与したといわれている（ABC News 2005）。これらに共通するのは、周縁化させられた人々の生への介入であり、彼らの知の抑圧である。「福祉国家の枠組みの中でこそ、優生学とこれにもとづく諸政策は発展したと考える方が正しい」（市野川 1999：167-176）と指摘されるとおりなのだろう。

後発の専門家といえるソーシャルワーカーは、医師を専門家のモデルとして専門職化を目指した。こうしたなか、上記のような「罪」あるいは悲劇にソーシャルワーカーたちが関わることになったのは、実践の科学化にまい進していたソーシャルワークの必然であったといえるのかもしれない。

というのも、先住民族を生物学的に「同化」させる政策や、貧困に陥っている者に断種手術を施すことは、当時は科学的に正しいこととされていたからだ。アイヌ民族を含む先住民族は、当時の科学、優生学や社会ダーウィン主義的な見地に従って「消えゆく（滅びゆく）民族（vanishing race）」とされ（新家・秋辺 2001：50；Prue 2014）、貧困に陥った者は近代社会で生き残ることができない「劣等種族」と見なされた（たとえば賀川 1915）。

ソーシャルワーカーたちも、こうした学問に依拠することは「正当」な方法で、科学化ひいては専門職化を進めていくうえでも重要なことと考えた。日本でも同様に社会福祉の関係者は優生学を依拠すべき学問の一つと位置づけた史実がある（井上 1923；大林 1929：85-86；松澤 1929：76 など）。マーガレット・サンガーの産児制限や、エレン・ケイの結婚時に健康に関する医師による証明書が必要とする主張、優生手術など、優生学的措置のあり方はさまざまである。これらの優生学的措置が必要とされた人々は、貧困者、障害者、移民、犯罪者、セックスワーカー、LGBTの人、アルコールや薬物依存症の人などで、ソーシャルワーカーが実践の場で向かい合う人々であった。

社会の周縁に存在する人々への間違ったソーシャルワーク介入は、ソーシャルワーカーが専門職化を目指すがゆえの科学化から生まれたといえる。弱者への「科学的」な介入は、医師をヒエラルキーの頂点とする専門家集団によって担われた。その極限にあるのは、ナチスドイツによって実行された安楽死T4作戦（優生学思想に基づいておこなわれた安楽死政策で、障害者や遺伝病者のほか、労働能力の欠如、脱走や反抗する者、不潔な者、同性愛者らも犠牲になった）であろう（木畑 1989：Gallagher＝1996）。こうした援助観のもとにすすめられていた「社会事業」に対し、アイヌの人々が「障壁でしかない」（新家・秋辺 2001：45）と感じたのは当然であったといえる。

ソーシャルワーカーと弱者との関係の変化

また優生手術など直接的に弱者の生に関与するものではなくとも、レスリー・マーゴリンが指摘したようなソーシャルワーカーが「優しさの名のもとに」手にしていた権力の問題は、これまでも批判されてきた（Margolin＝2003）。新しい定義において在来知が重視されるべき知の一つと見なされ、「ソーシャルワーク研究と理論は、サービス利用者との双方向性のある対話的過程を通して共同で作り上げられてきたもの」（IASSW & IFSW 2014：4）と示された。これも、以上のような従来の知に対する反省を踏まえた、知の変容が反映されたといっていい。

これらを図式化すると、以下のようになる。フレックスナーの影響を受けた、ミルフォード会議に象徴されるような専門職観において、専門家は知を占有し、絶え間のない調査研究を通じて学問としての精度を高めていくことが求められた。実践は、この知にもとづくべきものとされる。このとき、クライエントと位置付けられた側は、

「素人」であり、「無知」であると設定され、何らかの考えや知識をもっていたとしても軽視されたり、「迷信」や「俗習」とされたりする、知に対して受動的な存在と設計されていた（図1－4）。こうした設計図は、セツルメントを「社會的實驗室」（渡部 1936：53）、児童福祉施設を「実験劇場」（高島 1954：51）とする心性とつながるのだろう。

次に、ソーシャルワークのグローバル定義における専門家と知のあり方についてであるが、専門家は自らの知を含む学際的な知にもとづいて実践をおこなうことには変化はない。しかしながら、「不利な立場にある」「脆弱で抑圧された人々」のもつ知に対しては、大きな違いがある。抑圧された人々のもつ知を「在来知（地域・民族固有の知）」として尊重すること、先住民族の「声に耳を傾け学ぶ」ことが重要とされた。今や「ソーシャルワークの知は、先住民の人々と共同で作り出され」るもので、「『人々のために』ではなく、『人々とともに』働くという考え方をとる」（IASSW & IFSW 2014：5）と明言された（図1－5）。

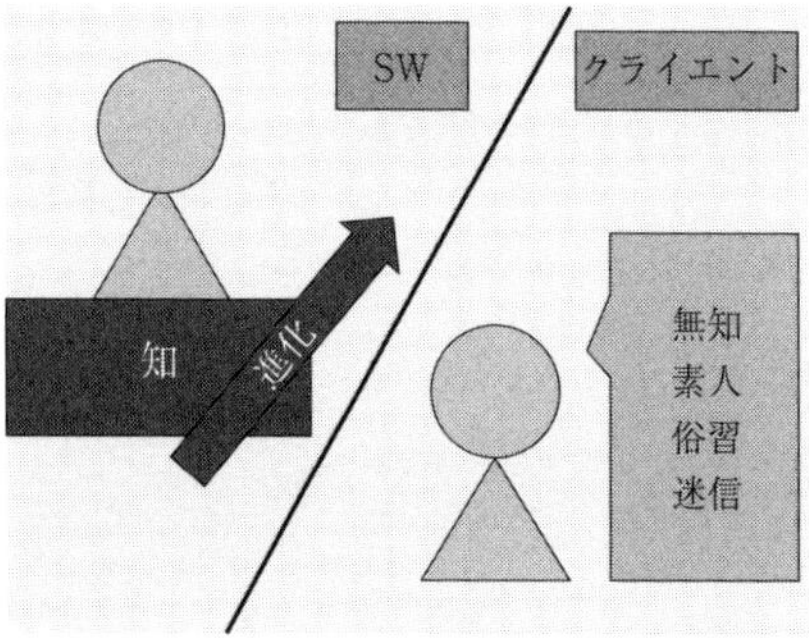

図1-4　従来の専門職観における専門家と知のあり方

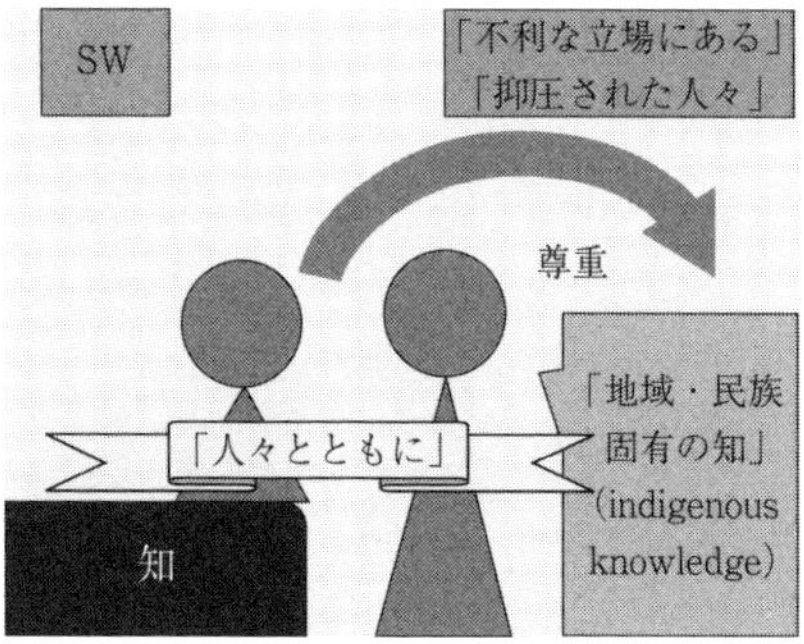

図1-5　ソーシャルワークのグローバル定義における専門家と知のあり方

また今回の定義の改正には、西洋的な価値観に基づくソーシャルワークは用を足さないという非西洋国や途上国を中心に起こった批判（Midgley 2008：Dominelli 2012）が大きく影響したといわれている。[15] この事実も、知の変化があったことを象徴しているのかもしれない。

また、こうした知の変化は、患者の権利運動や障害者運動などとも連動しているのだろう。たとえば、福祉サービスの改善やバリアフリーのまちづくりなどを目的とする調査に、知的障害者も参加する「インクルーシブ・リサーチ」（Walmsley 2003）などの試みがある。これまで知的障害者は知的に「劣っている」ため適切な判断が難しいとされ、調査などから排除されてきたが、そうした姿勢に変化が求められるだろう。もちろん、知的障害者が調査に参加できるように、知的障害があっても理解ができるように分かりやすく書き直した文書の準備や読み上げるなどの配慮が求められる。

その一方で、ソーシャルワークの知の変化は、環境の変化に伴うものでもあった。科学技術の進歩は明らかに存在し、かつその技術を多くの人が使える環境が整うと、人々の生活や社会そのものも変化する。たとえばエビデンスに基づく医療が重視される背景の一つに、ＩＴ技術の進歩があった（三島 2007：173-211）ことと似ている。「素人」や患者であっても、今や専門知に自由にアクセスすることができる。またインターネットの普及により、同じ病気や障害をもつ患者同士がつながることが容易になった。そうしたつながりやセルフヘルプグループなどの場で作りだされ共有される知は、専門家の知をしのぐ場合もあるだろう。[16]

（１）日本ソーシャルワーカー協会、日本社会福祉士会、日本医療社会福祉協会、日本精神保健福祉士協会から構成され、ＩＦＳＷに日本国代表団体として加盟している。

（２）ミルフォード報告書であげられた学問は「生物学　医学　経済学　精神医学　教育　心理学　法律　社会学」（NASW＝1993：42）であった。

（３）訳書のなかで紹介されたことはあった。フランシス・ターナーの『ソーシャルワーク・トリートメント』の第四版と第五版には、ハーブ・ナビゴン（小さなアビ）とアン・マリー・モヒニーの「先住民の理論」（Nabigon and Mawhiney＝1999：29-60）が収録されている。
（4）西洋的な価値観を基礎に置くソーシャルワーカーがそれを「輸入」してきた国や社会の実践や研究成果を看過してきたことは、indigenous social work と indigenization に共通すると指摘されている（Gray, Coates, Yellow Bird 2008：8）。
（5）津波災害史研究家で政治家であった山下文男が一九九〇年に岩手県田老町で開かれた第一回「全国沿岸市町村津波サミット」で講演をしたとき、自身の体験を話すなかで「てんでんこ」という言葉を使い、それが他の防災研究者の目に留まったという。山下によると、「津波てんでんこ」は次のように説明される。「要するに、凄まじいスピードと破壊力の塊である津波から逃れて助かるためには、薄情なようではあっても、親でも子でも兄弟でも、人のことなどはかまわずに、てんでんばらばらに、分、秒を争うようにして素早く、しかも急いで速く逃げなさい、これが一人でも多くの人が津波から身を守り、犠牲者を少なくする方法です」（山下 2008：52-53）。
（6）守屋茂は、笠井信一の済世顧問制度の思想的基盤に「東洋的伝統」があったとする論文の中で、同制度は「ドイツのエルバアフエルドシステムないしは中国の五保或いは日本の五人組等隣保制度を粉本としたものであると考えられようが、笠井が助言しているように、また当時の吏僚の言（当時の地方課長、乾利一談）に徴しても、ドイツのそれは参考にしていないことは明らか」（守屋 1985：924）と指摘した（松端 1994）。
（7）訳は、厚生労働省（2013）を引用した。
（8）大雲寺のホームページ（http://daiunji.net/category2/entry4.html）より。
（9）この明治初期のストーリーⒷは、現在も存在する。たとえば、『世界大百科事典 第二版』の「京都癲狂院」には、「日本最初の公立精神病院。一八七五年、京都府は岩倉大雲寺における加持祈禱に頼る精神障害者の治療法の改善の手段として、精神病院設置を計画した」とある。
（10）「京都の北郊で昭和初期に生まれたある女性は『結婚するのやったら、岩倉の人はなるべくえらばんといてな』と言われたという」（中村 2013：122）。
（11）岩倉の茶屋や農家には、「強力」と呼ばれるスタッフがおり、彼らを中心として経験が蓄積され「手練」つまり技術が培われていったという（中村 2006：108, 2013：23-26）。
（12）一九七〇年に岩倉病院に就職し解放医療を進めた青医連の医師たちは、患者による「作業とは使役ではないか」（岩倉病院史編集委員会 1974：57）と問いた。マルクス主義的な用語を用いて、「病院経営者―医師」に搾取される「患者」という図が描かれた。しかし同時に医師も「疎外労働を強いられてきた精神医療労働者」（岩倉病院史編集委員会 1974：70）とされている。

(13)　森有礼が京都癲狂院設立に関わっていたと指摘されることがある（栗栖 2013）。森は、英語の国語化を提唱したほど、欧米思想の啓蒙に尽力した人物として知られる。

(14)　都市化や近代化そのものの動きや、こうした社会的な変化を「社会科学」「社会学」的に考察する進歩史観のもと、在来知は過去のものととらえられることのほうが多かったような印象を受ける。これについては、第二章で扱いたい。

(15)　秋元樹は、こうした西洋の価値観が主流となっていることに対して、ソーシャルワークの定義のなかに日本語の「共生」、"kyōsei"を入れてはと提案する（秋元 2009：20）。しかしながら、この「共生」という言葉は一八八八年に植物学者の三好学の論文で Symbiosis や Commensal の訳語として編み出されたもので、科学を経由した近代的な産物である。その後、一九二〇年代に椎尾辨匡が「共産運動」を興したり、一九四〇年代にはファシズム的な気運のなか、たとえば隣組を形容する言葉として用いられたりもした。昔からの日本独自の文化や概念と考えられているものでも、意外に新しかったり、中国大陸由来であったりすることは多く、文化を語ることの難しさでもある。

(16)　たとえばシックハウス症候群の患者は、日々の生活において、化学物質やその他あらゆるアレルゲンを避けなければならない。患者にとって重要なのは、どこそこにある店はリニューアルされたばかりで危険だとか、このメーカーの家具はホルムアルデヒドのせいか○○さんはすぐに処分したらしい。私は○○さんより症状が重いので、そこの家具はやめておこうとか、あそこの田んぼは除草剤をまいたばっかりだから迂回したほうがいいとか、そういう情報である。こうした情報は、友人や知人や家族、そして同じ患者同士で交換し合った方が効率的であることが多い。ネットで検索したほうが早いこともある。しかしながら、そう断言する前提としてインターネット・リテラシーの存在があり、リテラシーを持ち合わせない人に対する対応は必要であるし、リテラシーの高い人であっても、落とし穴や危険はある。こうしたこともあり、医師などの専門家の存在感がなくなるわけではない。

第二章　植民地主義（コロニアリズム）とソーシャルワーク

第一節　植民者に位置付けられたソーシャルワーカー

ソーシャルワークのグローバル定義と植民地主義

ソーシャルワークのグローバル定義には、一九九〇年代からのソーシャルワーク内外の議論が反映されている。知に対する姿勢の変化には、脱構造主義やポストモダニズムといわれるような潮流からの批判や議論の影響があったと考えられる。ほかに、ポストコロニアル・スタディーズ、カルチュラル・スタディーズ[1]、ソーシャル・キャピタル論などとも親和性が高いといえるだろう。これらは、ソーシャルワーク領域内のクリティカル・ソーシャルワーク、ナラティヴ・アプローチなどの理論的な基礎ともなっている。

二〇一四年ソーシャルワークのグローバル定義の「知」の項目には、さりげなく「植民地主義（colonialism）」という言葉が混じっている。この言葉も、旧定義にはなかった言葉の一つである。本章では、植民地主義に焦点を当て、ソーシャルワークとの関連を考察し、今後ソーシャルワーカーはどのようにこの語と向かい合い、実践に反映させていくべきか検討したい。

グローバル定義の「植民地主義」に関する文を部分的に再掲してみよう。

植民地主義の結果、西洋の理論や知識のみが評価され、諸民族固有の知は、西洋の理論や知識によって過小評価され、軽視され、支配された。（略）ソーシャルワークは、世界中の先住民たちの声に耳を傾け学ぶことによって、西洋の歴史的な科学的植民地主義と覇権を是正しようとする（IASSW & IFSW 2014：4）。

ここで想定されているのは、西洋―非西洋の対峙であり、前者による後者の支配である。先住民族をはじめ非西洋圏の人々がどのような考えをもっていても、それは軽視され、ときに否定されたうえで、支配されてきた。しかし今は違う。ソーシャルワーカーは、「先住民たちの声に耳を傾け学ぶことによって」、ソーシャルワークの知を彼らと「共同で作り出」すようになった。

この文を見て思い浮かべなければならないのは、エドワード・サイードの『オリエンタリズム』（1978）を嚆矢とした思想・文化研究の大きな流れであるポストコロニアリズムだろう。多くの福祉関係の辞典や『福祉社会事典』（庄司洋子・木下康仁・武川正吾・藤村正之編、一九九九年、弘文堂）には、この語が掲載されていないので、これまで日本国内の「福祉関係の人」にとってなじみのない概念であったといえる。とはいえ、吉田久一は一九八〇年代に植民地に関して次のように述べていた。

戦前、戦中の植民地政策と社会事業の関係を整理しておくことが、現在のわれわれの、後の世に対する責任ですよ。日本の植民地政策に社会事業は無傷だと考えている人もいますが、それは大変な間違いです（吉田・一番ケ瀬 1982：143）。

金子光一によると、植民地の社会事業史の研究は戦前から行われていたが、時代の制約があり、戦後、一九八〇年代に入るころまで本格的な研究は見られなかったという。しかし愼英紘の『近代朝鮮社会事業史研究――京城における方面委員制度の歴史的展開』（1980）を筆頭に旧植民地の社会事業史研究が進められ、一九九〇年代にはさらに数も増えた。金子は沈潔の『「満州国」社会事業史』（1996）や大友昌子の『帝国日本の植民地社会事業政策研究』（2007）をあげ、ポストコロニアルの視点からの研究の進展があったとした（金子 2012：262）。その後も、「ポストコロニアルの一般理論、また沖縄に関するポストコロニアル批評を主に参考に」（加山 2014：17）したという加山弾の『地域におけるソーシャル・エクスクルージョン――沖縄からの移住者コミュニティをめぐる地域福祉の課題』や、ポストコロニアルな視点から「社会福祉学の枠組み」のなかで在日朝鮮人の社会的排除の問題を検証した宮崎理の研究（宮崎 2015）などがある。

ソーシャルワークのグローバル定義における「植民地主義」への言及は、戦前の社会事業あるいは「厚生事業」を現在と地続きのものとして捉えねばならないと訴えているようにも読める。ポストコロニアリズムの観点から見直せば、戦後の社会福祉実践やソーシャルワークのテキストに戦前から続くコロニアルな風情を発見することができるからだ。少なくとも、グローバル定義にみうけられるポストコロニアリズムは、戦時の社会事業または厚生事業の検証をおこなう際の視座を提供するだろう。

吉田久一はこうも言っていた。

社会事業のほうでは、戦中から戦前にかけて、どっちかというと同じ人がずっとやってきた（吉田・一番ケ瀬 1982：168-169）。

日本が植民地支配をしていた時代、確かに国内や「外地」で社会事業＝ソーシャルワークあるいは慈善活動がおこなわれていた。今までは、これらを対象とした研究あるいは教育として、文字通り植民地支配下のソーシャルワークの史実をたどることと、ポストコロニアリスティックな視点からの考察がありえた。しかしながら、グローバル定義以降は、ポストコロニアリズムの観点に基づくクリティカルな思考が必要視されるようになったといえよう。グローバル一方でポストコロニアリズムの筋から零れ落ちる事実が見過ごされやすいという陥穽もある。第一章で指摘したように、京都岩倉で精神障害者が暮らすコミュニティが廃れてしまった原因を、西洋化が在来知を駆逐していったという構図のみで捉えきれないように。

ポストコロニアリズム概観

ここで、ポストコロニアル・スタディーズを概観したい。ご存知の方は、本節を読み飛ばしていただきたい。

（著者注・ポストコロニアル・スタディーズやポストコロニアリズムの）特徴は、ヨーロッパの植民地主義の諸制度、とりわけ帝国主義時代の支配が、被支配の地域社会にどのような衝撃を与えたのかを分析したところにあった。なかでも帝国主義による諸言説の操作に焦点をあて、植民地主義的な言説（世界を、文明と野蛮、征服者と現地人、植民者と非植民者、主人と奴隷、先進と野蛮、進歩と停滞、中心と周縁、本物と偽物等々に二分割し、そうした一連の二項対立主義的な対概念を、真と偽、聖と俗、善と悪といった超越的二項を頂点とするヒエラルキーの中に封印する言語システム）の中で構成される主体と、それに反抗し抵抗し対抗する主体の双方を分析することに戦略的力点がおかれた（小森 2001：iii-iv）

ポストコロニアル批評とは、文化表象の不平等で不均等な諸力が、近代世界秩序の内部における政治的社会的権威をめざす闘争に関わってきたことの証しである。ポストコロニアルな視点は、植民地にまつわる第三世界諸国からの証言や、東と西、北と南といった地勢学的区分の中での「少数者」の言説から生まれる。この視点は近代のイデオロギー言説に介入し、それが不均等な発展と、さまざまな国民や人種や共同体や民族の示差的でしばしば不利な歴史に、ヘゲモニー論的な「規範性」を与えようとするのを許さない。ポストコロニアルな視点はまた、文化的差異、社会的権威、政治的差別に対する批判的修正を定式化し、近代性に付随する「合理化」の中に、敵対的でアンビヴァレントな契機を暴露しようとする（Bhabha＝2005：289）。

植民地支配のなかで、「西洋」は「非西洋」と遭遇する。「西洋」は、支配される側を劣ったものとして見なすことで、自らを確立した。植民地主義は、西洋近代のアイデンティティをかたちづくる重要な要素であったといえる（『現代社会学事典』）。

上記のような引用は、あくまでアカデミックな議論のようにも映るかもしれない。しかしポストコロニアリズムの視点を通すことで、現実の「他者」の生に良い変化がもたらされることもある。たとえば「ろう文化宣言」も、ポストコロニアル・スタディーズの視点に立つことによって、聴覚障害者の生活に変化をもたらし、従来の専門知のあり方を転換させた例としてあげることができるだろう。

一九九五年に公表された「ろう文化宣言」（木村・市田 1996：8-17）は、言語学や文化人類学、社会学など各方面で大きな反響を呼んだ。「ろう文化宣言」は、「ろう者とは、日本手話という、日本語とは異なる言語を話す、言語的少数者である」とするもので、それまでの口話主義（口話とは、発話と読話を用いたコミュニケーション。この習得に最大の価値をおく教育理念を口話主義という）の影響下のろう学校における教育のあり方や、人々の手話に対する認識のあり方を痛烈に批判した。このとき、ポストコロニアリズムの視点から、次のように論じられた[2]。

口話主義下のろう学校は、まさに「植民地」のようなものといえよう。そして、多くの植民地政策が「文明化」「近代化」という大義名分によって推し進められたのと同様、ろう教育における口話主義への転換[3]も、教育史の中ではつねに「発展」としてとらえられてきた（木村・市田 1996：11）。

日本で「手話は動物的[4]」とまことしやかに語られ、音声言語より劣ったコミュニケーション手段と位置付けられ、ろう学校では手話の使用が禁じられてきた。しかし、ろう文化宣言から二〇年以上が経った現在でも、まだ公立のろう学校のすべての教員が手話を使えるわけではないという現状は問題であるともいえるが、確かに風向きは変わったといえる。またポストコロニアリズムを経由したろう文化という概念は、その後、日本のソーシャルワーク領域でも展開されている（臼井 2001：原 2011a）。

福祉領域で叫ばれる「主体化」「エンパワメント」などの概念、またグローバル定義の「ソーシャルワークは、できる限り、『人々のために』ではなく、『人々とともに』働くという考え方」（IASSW & IFSW 2014：5，図1－5）なども、こうした視点抜きには単なる掛け声に終始するだろう。

いっぽう脱植民地化（decolonization）とは「植民地主義者の権力をありとあらゆる方法で明らかにし、それを打倒する過程のこと」（『ポストコロニアル事典』）である。またポストコロニアリズムの考察には、しばしば「他者（other）」という語が用いられるが、これは「劣等」で「野蛮（savage）」な存在として想定された「被植民者」を指し、これに近似する語として「サバルタン（subaltern）」がある。次節以降では、ソーシャルワークの萌芽期の実践に関して、この見地に立って具体的に検証したい。

第二節　ソーシャルワーク萌芽期にみる植民地主義

「貧民窟植民館」と訳されたセツルメント

「セツルメント」とは、「一九世紀末期に失業、疾病、犯罪等と深い関連性を持つ貧困問題が集約された地域であるスラム街に住み込んで、貧困者との隣人関係を通して人格的接触を図り、問題の解決を目指した民間有志の運動」（『社会福祉用語辞典』）である。イギリス・ロンドンのスラム街に建てられた「トインビー・ホール」（一八八四年～）を先駆とするセツルメント運動は、原初的なソーシャルワークとされる。ジェーン・アダムスはアメリカ・シカゴのスラム街に「ハル・ハウス」を設け、アメリカ社会学、そしてソーシャルワークのインキュベーターともなった。日本でも一八九七年に片山潜が「キングスレー館」、一九二四年に東京帝国大学の末弘厳太郎らが「帝大セツルメント」、また全国各地に隣保館が設立されていった。セツルメントは、社会福祉士の国家試験を受ける学生などは暗記しなければならない言葉の一つだ。

しかしながら、このセツルメントが戦前、「大学植民事業」（生江 1911：91）や「貧民窟植民館」（賀川 1915）、「大学植民館」（山室 1926：44-45）などと呼ばれていたことを思い出す人はどれだけいるだろう？　現在では、カタカナ表記の外来語として用いられるため見過ごされやすいが、settlement の本来の意味には植民地などに入って生活する「入植地」もあった。こうしてセツルメント活動は本来「植民事業」だったと気づくや否や、濃密なポストコロニアル批評の筋が見えてくる。

ソーシャルワーカーたちは専門職化を進める際、医療のメタファーを用いてソーシャルワークを「進化」させようとした。同じように、セツルメント運動に携わる「植民者（settler）」たちは、植民地のメタファーを用いて貧困に陥った者を救おうとしていたのだった（Picht 1914）。

慈善団体「救世軍」にみる植民地主義的なメタファー

ここで、一九世紀末のベストセラーを取り上げてみよう。救世軍[5]の創立者であるウィリアム・ブース（1829-1912）は、一八九〇年に『最暗黒の英国とその出路』を出版した[6]。その売れ行きはすさまじいもので、初版一万冊は即日完売、その後も版を重ね、一年後には二〇万部を発行するにいたったという。賛否両論を喚起しながら、各国でも翻訳・出版された。

貧困問題の解決を目指す同書は、なぜかヘンリー・M・スタンリーのアフリカ探検の話からはじまる。スタンリーは、一八七一年にジャーナリストとしてアフリカで行方知れずになった宣教師デービッド・リビングストンを探し出して帰国し、イギリス国民の熱狂的な歓迎を受けた英雄であった。『最暗黒の英国とその出路』が出版される直前に出版された、スタンリーの『最暗黒のアフリカ』は三週間で一五万部を売り上げる大ベストセラーであった。

当時の人々なら扉頁を開かずとも、ブースの『最暗黒の英国とその出路（In Darkest England and the Way Out）』が『最暗黒のアフリカ（In Darkest Africa）』を受けているということはタイトルから類推できたと思われる。そんな読者の期待に応えるべく、ブースはスタンリーによるアフリカ描写を引用することから、貧困問題解決の物語を紡ぎはじめている。瘴気が漂い感染症が蔓延するジャングル。「物憂げな小川が屈曲」し「死の河」に合流する。密林は光を遮られ日中でさえ薄暗く、「食人種」にいつ襲われるか分からない。通信手段もなく、予防接種を受けずにアフリカを旅することは当時、常に死と隣り合わせであった。そんなジャングルに住む現地のピグミーの人々をスタンレーは「二種族」いるとしたが、ブースはその部分を次のように引用している。

> 一つは退化した種族であって、フェレットのような両目、近接した鼻孔を持ち、「ひひ」にとてもよく似てはいるが、十分人間味がある。今一方は目鼻立ちがよく整い、ざっくばらんで、おおっぴらな性格、無邪気な様子で、好感が持てる[(7)]（Booth 1890：11＝1987：6）。

こうした探検の話に続いて、ブースは「最暗黒のアフリカが存在する如く、最暗黒の英国も存在するのではないだろうか」（Booth＝1987：6）と問いかけ、アフリカのジャングルとロンドンのスラム街を重ねる。アフリカでは鬱蒼と樹木が生い茂っているように、スラムには貧困と犯罪がはびこっている。貧民窟の空気は悪臭で満ち、不衛生極まりなく、アフリカの湿地と同様、[8]「有毒」である。ジャングルを蛇行する「死の河」のように、ロンドンのスラムではジンを販売する店が軒を連ねている。スタンレーが赤道直下のジャングルで恐怖を感じたように、一般市民にとってスラムは恐ろしい存在だ。

そしてロンドンの「獣穴」に住む「文明の未開人」、つまりスラムに住む貧民は、アフリカの先住民族とほぼ同位の存在とされた。都市の暗部である「貧民窟」は、アフリカの暗いジャングルのように「蛮人」や「小人（ドワーフ）」を孕む。スタンレーのアフリカ探検記には、先住民族を「ヒヒ人間」などとし、白人に比べて「退化した種族」とする優生学的な視線がある。そしてブースは場所をロンドンにスライドさせ、その同じ視線で貧民を捉えたのであった。

では、「ヒヒ人間」と「目鼻立ちの整った小人（ドワーフ）」の二分類を、ロンドンに住む貧民に当てはめるとどうなるか。

　堕落した怠惰な野郎どもと、苦役につく奴隷（Booth＝1987：8）

おそらく、この二文法は救貧法下における、怠惰な貧民と勤勉な貧民の弁別のことだろう。疑似科学的見地から「退化した」二つの種族を、「ヒヒ人間」＝「堕落した怠惰な野郎ども」と「目鼻立ちの整った小人（ドワーフ）」＝「苦役につく奴隷」とに分ける。救いの対象になるのは、後者のみである。こうした植民地主義的な思考を携えて、ブースは救世軍の活動を展開したのであった。そして貧しい人々を「救済に値する貧民（the deserving）」と「救済に値しない貧民（the undeserving）」つまり「堕落した怠惰な野郎ども」を区別したのが、一八六九年ロンドンに設立された「慈善組織協会（Charity Organization Society）」の「友愛訪問員（friendly visitors）」であった。そして友愛訪問員たちは、この区別をおこなうために調査・分析するケースワークの手法を発達させていった。

光と影の意味するもの

『最暗黒の英国とその出路』の日本語版にも、「救世軍のソーシャル・キャンペーン：すべての人々のための事業（Salvation Army Social Campaign：Work for All）」と題されたカラフルな絵が添えられている。その絵の下の方に目を移すと、暗闇をゆく船が転覆し、今にも波にのまれそうになりながら助けを求める人々の姿が描かれている。失業、飢え、ジン酒、刑務所、売春、ホームレスなど、さまざまな波がある。そこでこの暗い海を照らすのが、救世軍という名の灯台だ。軍服風の制服に身を包んだ救世軍の兵士が彼らを救い出している。そして救い出された人々は、「自助的で自活する共同社会」（Booth＝1987：118）の一員になる。

その共同社会＝植民地は、絵にも描かれているように三層になっている。食堂や簡易宿泊施設、工場、授産所、職業紹介所といった「都市の植民地（the city colony）」は、差し迫ったニーズを満たす。そして多くの人は地方にある「農場植民地（the farm colony）」や「海外植民地（the colony across the sea）」に送られる。こう

図 2-1　Salvation Army Social Campaign, 1890, by William Booth.
https://en.wikipedia.org/wiki/William_Booth#/media/File:William_Booth,_In_Darkest_England_and_the_Way_Out,_1890,_Cornell_CUL_PJM_1104_01.jpg

した植民地は、荒れ狂う暗い海と対照的に、明るい。特に海外植民地には後光がさしており、まるで天国のようだ。

日本では一八八〇年代半ば頃から、ジャーナリストによるスラム街のノンフィクション記事や書籍が多く出された。桜田文吾の『貧天地饑寒窟探検記』（1893、初出は『日本』1890）や、それを踏襲した松原岩五郎の『最暗黒之東京』（1893）、横山源之助の『日本之下層社会』（1899）などが代表的なものである。[9]「暗黒」を貧困のメタファーにしている点が彼らに共通するもので、限定的であるにせよ、ブースと同じ系譜にあるといえる。

たとえば自ら「貧窟探検者」（松原 1983：16）と称した松原岩五郎には、ブースと間接的な接点があり、執筆の際の動機の一つにブースの『最暗黒の英国とその出路』があったと考えられる（加賀谷 2012）。松原のルポタージュには、幼くして両親を亡くし貧しい生活を強いられた経験が生きているといわれ、「啓蒙家の視線ではなく、学ぶ人間の視線」（藤原 2010：12）があった。とはいえ一か所、貧しい人々が明らかに他者として描かれている所がある。

『最暗黒之東京』で「最暗黒裡の怪物」とされた他者とは、障害者たちであった。松原は「貧大学の過程中」のある夏、魚介類の行商で各所を転々とするうち、伊香保の温泉街にたどり着いた時の体験を第二〇章に記している。現在では石段が伊香保のシンボルとして観光資源の一つとされているようだが、松原も宿や茶屋、割烹店などが所狭しと並んだ風景を描写している。そして目線を「谷間」にある「下層」の家々に移し、そこで「下層の下層」を発見した。八百屋や酒屋などの下層の家の床下に一・五メートルほど穴を掘って暮らす人々である。

これら土窖（あなぐら）中に眠食する者元来いかなる種類の人なるかと見るに、いずれも皆盲膏（もうこう）あるいは唖聾等の痼疾（こしつ）（不治の病・著者注）ある廃人にして、多くは彼れ浴客の余興に活計する座芸者、笛、尺八を吹く者、琴、三味線を弾る者のほかは皆揉療治按腹の輩にして、鍼治、灸焼を主る者の類なり。今茲にその廃疾を物色すれば、あるいは躄（足が不自由・著者注）あり跛（足が不自由・著者注）あり、馬鈴薯大の贅瘤を額上に宿して眼を蠣の如くに潰したる大入道、短身齵背の小入道、痘瘡のために面体を壊したる瞽女（三味線を手に各地を転々として芸能活動をおこなった視覚障害の女性・著者注）、座上常に拳を以て歩行する足萎者、象皮病者、侏儒（低身長・著者注）、これらの者一窖内に五人ないし七、八人嗜好を共にして同住す。窖内暗黒にして物を弁ずべからずといえども、住する者皆盲人なれば元より燈火の必要なし(10)（松原 1893：105-106）。

「最暗黒裡」に住む他者が「大入道」や「小入道」、「酒呑童子」など化け物と描写されたことは、当時の日本では植民地主義的な、あるいは優生学的な視点がまだ普及していなかった証左として注目せねばならない。ここで発露されているのは、前近代的な差別意識に基づく障害者のステレオタイプ化、「異人」（小松 1985）化であったといえる。

第三節　この世の暗黒を「発見」した者

ソーシャルワークは近代主義的で西洋的な介入とされたこと

二〇一四年定義の「知」の項目では、「西洋の歴史的な科学的植民地主義」は、過去の過ちと位置づけられ、こうした過去を反省しつつソーシャルワークは新たに定義され直した「知」を基礎とするべきと示された。この背景には、「ソーシャルワークが本質的に近代主義的で西洋的な介入」（Gray, Coates, and Yellow Bird 2008：1）とするような批評が存在する。

ソーシャルワークは社会の周縁にいる人々の声を黙殺し、イギリスやアメリカを起源とする西洋的な考え方を多様な文化コンテクストに導入してきた歴史をもつ。この技術の移転は植民地化、西洋化、グローバル化、アメリカ化の帰結であったともいえる。文化的マイノリティ、非西洋の文化をもつ人々と先住民族にとって、これら四つの「~化」は西洋モデルの隆盛と地域の多様な文化の知恵や知や道徳の没落をもたらした（Gray, Coates, and Yellow Bird 2008 : 1)。

では、「暗黒」の非西洋を「発見」したのは誰だったか。

探検家の後に続いてやってきたのは、未開人と見なされた先住民族をキリスト教者に改宗させるために派遣された宣教師であった。彼らは布教活動だけではなく、自らの文化が優れているという意識に突き動かされ、土着の文化と言葉を消滅させ、「メインストリーム」の社会に解放することができると信じられていたヨーロッパ式の教育と社会化を強制することを通じて、先住民族を「発展」させるための取り組みを支援した（Gray, Yellow Bird, Coates 2008 : 52)。

「未開人」たちは探検家によって「発見」され、次にやって来た宗教家によって「教化」された。キリスト教宣教師らの厚い信仰にもとづく布教活動、善意や宗教的使命感にもとづく教育や慈善活動は、植民地経営において欠かせないものであった。

ここに、石井十次、賀川豊彦、留岡幸助、原胤昭、山室軍平など、日本の近代的な社会福祉の代表的な先駆者にキリスト教信者が多かった理由の一つがあるような気がする。おそらく彼らにとって欧米出身の宣教師が物理的にも心理的にも身近な存在で、西洋の知や事業のあり方を先んじて学ぶことができたのだろう。

しかし若かりし吉田久一は、キリスト教者によるソーシャルワークに魅かれたと同時に疑問をもったようである。

私は、こういう経験を持っているんです。二十代の半ばごろ（著者注・一九四〇年前後）、四〜五年、中国とか朝鮮とか東洋のキリスト教の社会事業の勉強をしていた時期がありまして、何べんも向こうへ行ったりしましたが、評判の高い施設でも、最後までいくと、やっぱり東洋人に対する差別という問題があって、おまえまでもか！　という気がしたのは、若いときだからよけいに感じたんでしょうかね。／欧米人が開発途上のことをいろいろ面倒見ているんだけれども、慈善の最後のつめに行くと、意外に東洋やアフリカの人達に対する差別がみえるでしょう。日本の社会事業だって外にでると大きなことはいえないけど（吉田・一番ケ瀬 1982：505-506）

ここで疑問が浮かんでくる。先住民族ソーシャルワークあるいはソーシャルワークのグローバル定義の文法に従えば、植民地化や西洋化に加担したとしてキリスト教に基づく「社会事業家」を批判的に捉えねばならない。とはいえ、何やら釈然としないものが残る。

西洋化に関わる二つの立ち位置

その異和感の理由は、おそらく日本が自らを「人類の進化」のなかで後れを取っているものとまなざし、率先して近代化や西洋化を進め、そこで学んだことを植民地支配の実践に活かしたという歴史があるからだろう。日本の植民地政策の過去を鑑みると、日本にいるソーシャルワーカーは二つの異なる立場からの表明を求められているといえるだろう。欧米人から「未開人」と目されつつも「脱亜入欧」を掲げて独自の文化を大きく変容せざるをえなかった立場と、逆にアジア諸国に住む人々を自らよりさらに「退化」した、あるいは「進化」の遅れた「未開人」とみなして植民地化し、そこでソーシャルワーク（＝社会事業）を展開した立場の双方である。

新定義に照らすと、（多様な背景をもつ人も含め）日本に住むソーシャルワーカーとしては、文化的な植民地化を受けた側の経験と、植民地の支配者の側にいたという歴史に向き合う必要がある。「社会事業」から「社会福祉」に用語が変わったために、戦前の社会事業は現在の社会福祉と連続しないように錯覚するが、歴史は確かにつながっている。またコロニアルな視線はアジア諸外国のみならず、日本に住む先住民族や地方に住む人々、貧困に陥った者、部落に住む人々などを含む多様な弱者にも向けられていた。この観点から見直されるべき実践もあるだろう。

植民地主義的な見地から弱者を眼差すということは、差別的な言動とつながる。良かれと考えての行動であっても、「不利な立場にある人々」の反感を買う。大正時代に「貧民窟」に住む少年に映った、おそらくは「社会事業」に関心をもつ大学生の姿は以下のようなものであった（東京市政調査会編 1925：217）。

私は嘗て貧民窟に個別訪問せられた大学の学生の姿を見て、余りに遊戯化した有様に却って憤慨した。当時訪問された貧民の誰しも心好く思つた者は無かつたであらう。（略）売名的なお祭り騒ぎの行為は貧民の敵である。（略）売名的な行為は（著者注：東京）市として厳禁せられん事を望む。何んの効果も無いのだから。却って反感を買ふのみ（中学校五年生）。

日本では進んでコロニアリスティックな視点を身につけ自らを眼差し、近代化を推し進め、日本古来の在来知を自主的に駆逐してきたが[11]、この機会にこれを再発掘してみても、得るものがあるかも知れない。先に岩倉の例をあげたが、共同体のなかで生活していた人々は「患者」や「クライエント」として医療・福祉施設へ収容され、近代西洋医学の枠組みのなかで治療・投薬がおこなわれるようになった。医療における「相補・代替医療」のような福祉の在来知が過去や現在の日本社会のなかに存在するかも知れない。リスクがなく効果のエビデンスがあり倫理や人権の観点からも問題のない知恵が。しかしながら、近代化以前の岩倉の茶屋や農家では、「手におえない状態」になると、患者を拘束したり、隠し部屋に監禁したりすることがあったという（中村 2006：108-112）。したがって、岩倉の実践から学ぶべきものはあったとは思うが、駆逐されてしまった在来知として単に賛美するのではなく、ソーシャルワークの定義や倫理綱領に照らすべきなのは、いうまでもない。また、安易に在来知を称揚することは、「日本型福祉社会論」に流れていく危険性もあるので注意が必要である（同様の危惧として、Ioakimidis 2013）。

＊福島県会津若松市の社会福祉法人・心愛会の鈴木早苗さんから福祉施設で使われる方言に関して貴重なご意見をいただきました。ここに感謝いたします。

（1）　日本で一九八〇年代から紹介され、一九九〇年代後半にいくつかの雑誌で特集されるなど、注目されるようになった。

吉見俊哉によると、文化を「権力が作動し、経済と結びつき、言説の重層的なせめぎあいのなかで絶えず再構成されているものとして問題化していくこと。（略）カルチュラル・スタディーズは歴史理解の不可欠の次元として文化に注目するというだけでなく、そうした文化という次元自体の存立機制、つまりそれが一定の言説と権力のマテリアルなフォーメーションとして成立し、再生産されていることに瞠目し、それを問題化する点において、二重の意味で『文化』を問う研究なのである」（吉見 2000：2）。

（2）ポストコロニアリズムの枠組みから、ろう者という概念を歴史的に考察したものとして他に、パディ・ラッドの『ろう文化の歴史と展望――ろうコミュニティの脱植民地化』（Ladd＝2007）があげられる。

（3）アメリカでは、もともとろう学校では手話が認められていたが、一八八〇年にイタリアのミラノで開かれた「世界ろう教育者会議（ミラノ会議）」をきっかけに手話が「弾圧」されるようになったという。そして一九〇七年までに全てのろう学校が口話主義となった（木村・市田 1996：11）。

（4）たとえば、清野（1997）など。

（5）救世軍は、今も多くの国と地域で宗教活動や社会福祉、教育、医療などの事業を展開するキリスト教団体。一八六五年にウィリアム・ブースと妻キャサリンによって、ロンドンの貧しい地域に設立された。日本では「社会鍋」が知られている。軍隊式の組織編成、制服、用語が特徴。たとえば、日本にある事務所は「救世軍本営」「東京東海道連隊」「神田小隊」などとなる。

（6）ブースのテキストを扱ったポストコロニアル批評として、他に Bush（2006：164）や McLaughlan（2012）など。

（7）山室武甫訳を参考に、三島が訳した。以下の引用も同様。

（8）免疫のないヨーロッパ人やヨーロッパから運び入れた馬は、アフリカで感染症にかかりやすかったことから、アフリカには「瘴気」が漂っていると考えられた。

（9）その他に中川（1994）。

（10）現在の倫理コードでは引っかかる差別用語もそのまま引用した。

（11）私事で恐縮だが、筆者は一〇年以上前に福島県で教員生活をはじめた。今でも時折思い出す出来事がある。児童福祉施設に実習の巡回指導にいった時のこと。面談のための部屋に通され、席に着くとしばらくして中堅と思しき施設職員が入室してきた。その職員は忙しそうに見える。一通りのあいさつや会話を済ませた後、学生がさも非常識なことをしたといったような調子で学生の「問題点」を指摘した。学生が児童福祉施設で実習しているにも関わらず、あろうことか方言を使ったというのである。確か、「かたして（片づけて）」という言葉だった。筆者は関西出身だが、関西の福祉関係施設では関西弁を使ってはならないという話は聞いたことがなく、その職員の発言に面食らってしまった。しかし若く経験の少ない教員だった筆者は自らの「非常識」さを曝してはならないという保身から、話に同調してしまった。子どもたちが「社会に出て恥ずかしい思いをしないように」という理由だった。些細だが福祉施設がコロナイゼーションの機関として機能していた（いる）ことを証明する体験だったのではと思い返す。

第三章　他者の起源——貧困救済と動物愛護の接点

第一節　大正期のソーシャルワーカーによる動物愛護運動

唐突なようだが、本章では動物の存在に注目したい。というのも、社会福祉の領域には、人間と動物の境目があいまいになる「不思議なる一現象」（生江 1928：280）が存在してきたからである。そしてこの現象は、ソーシャルワーカーが専門職化を目指しはじめた頃から力を入れてきた「科学」化や、植民地主義的な思考と交差している。加えて、このテーマは福祉とリスクとの関連の原初形態を描き出すものでもある。

大阪動物愛護会事務所は府庁救済課に置かれた

大正期、日本の社会福祉の関係者たちが動物愛護運動（動物虐待防止活動）に力を入れたことがある。場所は日本の「社会事業」をけん引した大阪。[1] 初めて動物愛護の打ち合わせ会が開かれたのは一九一八年三月（無記名

1918a）、第一次世界大戦のさなか、街中には米騒動の勃発直前の不穏な空気が漂っていた頃のこと。

一九一八年六月七日には、大阪市役所内弘済会事務所において「大阪動物愛護会」の「創立首唱者会」が開かれ、会則の草案が議論された。署名発起人は「師団長、知事、市長、商業会議所会頭、朝日毎日両新聞社長、府市会議長、府会市部会議長の諸氏」であった。また「首唱者」には、小河滋次郎、「三好騎兵連隊長」、「三根憲兵隊長」、「下村連隊区司令部副官」、三田谷啓（知的障害児施設の現・三田谷学園創立者）、「辻野北所長」、村島帰之（毎日新聞記者）、「山田朝日新聞記者」、稲田譲（弘済会会長）、岩崎佐一（桃花塾）、木部崎了道（大阪府救済課）らが名を連ねている。大阪府も市も、警察も、軍関係者も、メディアも、そして福祉関係者も一丸となっていたことが分かる。

注目すべきは、動物愛護会の事務所が、大阪府の救済課内に置かれたことだろう。

大阪動物愛護会々則

第二条　本会事務所ヲ大阪府庁救済課救済事業研究会内ニ置ク

大阪府の救済課（警察部所管）が設置されたのは一九一八年六月一日で、「首唱者会」が開かれる六日前であり、救済課（一九二〇年に社会課に改称）が最初に取り組んだ事業の一つといって過言ではないだろう。ちなみに、現在の民生委員の前身である方面委員制度が、同救済課が中心となって創設されたのは、四か月後の同年一〇月である。

この動物愛護運動について、社会福祉の歴史のなかに記されることはごくわずかであった（吉田 1964：390-391；吉田 1981：124）。とはいえ、特に児童福祉の領域で、ある時期までしばしば言及されてはいた。たとえば、児童福祉の先駆者とされる生江孝之は「こゝに不思議なる一現象は、動物虐待防止事業が、いずれの國に於いても、前者

（児童虐待防止法、筆者注）に先だつ数十年既に其の活動を示しつゝあるのである」（生江 1928：280）と述べている（他に田村 1911：2-3：三島 2005b）。このように、多くは児童虐待防止運動に先行して動物虐待防止運動が盛んになったことに対する皮肉であった。

社会福祉の歴史のなかに置くにはややおさまりが悪い、この福祉関係者による動物愛護運動をどう捉えるか？軍人や警察が関わっていたことや、時期的に、これをファシズムに絡めて捉えることもできるであろう（実際、ナチス政権下で動物愛護法は制定された）。しかしそれでは見えてこない部分もあるように思える。本章では、ソーシャルワークのグローバル定義に引き付けて言えば、「不平等・差別・搾取・抑圧の永続」につながる「構造的障壁」（IASSW & IFSW 2014：2）のために「不利な立場にある人々」「抑圧された人々」の姿を、この運動の検証を通じて捉えたい。それは、「社会的なもの」の構想が感化事業や儒教的な教えと結びついていった経緯でもある。

方面委員制度と動物虐待防止運動

先鞭をつけたのは、社会福祉法人「桃花塾」の創設者・岩崎佐一の論文「動物虐待防止運動」（岩崎 1917）であった[7]。前年に知的障害児施設の桃花塾を創立したばかりでもあった岩崎は、動物愛護の運動が「社会救済の上に如何に必要なものであるかを十分一般社会に了解せしめ」るために、同論文を発表したという（岩崎 1917：1400）。動物の感じる苦痛そのものへの関心というより、「社会救済」あるいは「博愛の精神」の涵養や「人道」「社会改良」（岩崎 1917：1404）に重点が置かれていることに留意したい。

翌年、小河滋次郎が、岩崎の論文を受けるようなかたちで「如何にして動物愛護の美風を振興すべきや」を著した（小河 1918：115-130）[8]。大阪動物愛護会は、これらの論文や陸軍獣医・内村兵蔵の「動物愛護に就いて」（内村

1918）などの論を重んじ組織化されたという（無記名 1918a：350）。

これらの議論は主に『救済研究』誌上で繰り広げられた。大阪動物愛護会の設立後も、活動の報告などが掲載されている。この『救済研究』は、大阪府庁の「救済事業研究会」が発行したものである。そう、大阪動物愛護会の事務所と同じだ。社会福祉政策に熱心であった第一四代大阪府知事大久保利武（任期一九一二年一二月三〇日―一九一七年一二月一七日）が一九一三年四月に旧知の小河滋次郎を大阪府救済事業指導嘱託として招き、知事室の隣に通称「小河室」（三善 2009）と呼ばれた救済事業研究会を立ち上げた。この救済事業研究会が発行したのが『救済研究』[9]（1913-1922）である。小河は一九二五年に亡くなるまで編集責任者を務めた。

一九二〇年代に入ってからも、東京にある「中央社会事業協議会」（中央社会福祉協議会の前身）が発行する専門誌『社会事業』に、法学者の松井茂の「動物虐待防止に就いて」（1922）が掲載されている。松井は二〇年以上にわたって動物虐待防止活動を「志し」、一九二一年に開かれた「社会事業協会」主催の「全国社会事業大会懇談会」において、全国の「社会事業家」は動物虐待問題を社会問題と認識して、今後その防止活動に尽力するよう主張するなど熱心であった（松井 1922：1027）。

とはいえ、筆者の渉猟する限り、一九一八年の米騒動後は『救済研究』誌上で動物愛護活動に言及されることは少なくなった[10]。この理由を、米騒動後、大阪周辺の「社会事業」関係者が方面委員制度の整備に向けて奔走したことに求められるように思える。

ここで、動物虐待防止活動と方面委員制度の資料を通読すると、共通するものが多くあることに気づいてしまう。たとえば、以下のようなものだ。

①人物に重複がみられる。
②事務所や会議の会場に重複がみられる（大阪府庁救済課、大阪市役所内弘済会事務所）。
③救済事業研究会が関わっていた。
④雑誌『救済研究』誌上で議論が交わされ、活動報告が掲載された。
⑤地域に「巡査員」（大阪動物愛護会々則第四条四）や「方面委員」（方面委員制度）といったエージェントが配置されたこと。
⑥動物愛護の委員を務める者として「所謂紳士淑女」（小河 1918：129）が想定され、方面委員は「名誉職」（大阪府方面委員規程第二条）とされた。彼らは「温情」（村島 1929：26）あふれる無報酬の篤志家＝ボランティアであったこと。
⑦公共の安全を保ち、リスクの予防が目的とされた。その前提として苦痛や貧困が犯罪を生むというサイクルが存在すると想定することによって、リスクはコントロール可能とする学問が存在したこと。
⑧進歩史観、あるいは社会ダーウィニズムの存在。

人物と空間の一致

まず、共通点の①と②について。大阪動物愛護会の「首唱者」であった大阪毎日新聞記者の村島帰之は、『善き隣人――方面委員の足跡』（1929）を出版した。大阪府方面委員後援会の委託を受けて書き下ろされたという同書の冒頭部分を引用したい。

紳士は理髪師に顔をそらせ乍ら、何気なく硝子窓越しに街路の方を見やると、そこには前記の夕刊売子の姿があつた。

当時、世間は米騒動後、間もなくで、人心もなほ落つかず、物価は止め度もなく騰る一方であつた。（略）

紳士は、やがて理髪店を出た。そしてその夕刊売子から、何枚かの夕刊を買ひ求めながらやさしく訊いた。

「夕刊を売つて、一日にどの位、もうかるかね」

「ハイ、まア三四十銭から五十銭になります」

「五十銭！　あなた一人でかな」

紳士が再び訊くと、

「い、え」

と軽く否定しながら、電車道の向う側をゆびさした。

「あすこにゐます二人の子供と、三人掛りでやうやうそれだけになるのでございます」

見れば、そこには八歳と十歳位の子供が夕刊をかい抱いて、一心不乱に「夕刊、夕刊」とよばはってゐた。

「子供たちは学校を休ませてあるのかね」

「ハイ、あるじが病気で寝込んで了ひましたので、学校へも出せなくなりました。それでかうして働かせて居りますので……」

と打沈んだ調子で答へた。

「さう……学校を引かせたのかねえ」

紳士は自分ごとのやうに吐息をついた。

件の紳士はやがて淀屋橋を渡って橋畔の交番所に立つた。そしてそこの巡査に「あの夕刊売子の身元調査をするやうに」と命じた。

紳士は誰であらう。大阪府知事林市蔵氏であつたのである（村島 1929：2-4）。

後日、巡査から夕刊売りの家族の窮状に関する報告を受け取った林市蔵知事は、「自らの幼いころの貧しい生活を思い起こすと同時に、このような母子は他にもいるはずだと考え」（大阪府民生委員児童委員協議会連合会ホームページ）、小河滋次郎（知事顧問）の協力を得て、一九一八年一〇月七日の「方面委員規程」（大阪府令二百五十五号）公布につなげたという。のちに方面委員制度は全国的な展開を見せ、現在も民生委員・児童委員として制度が存続している。

これは方面委員制度の始まりのストーリー（村島 1929：2-13）として、神話のように語り継がれた[11]。もうお気づきの方もおられるだろうが、前述の一九一八年六月七日の大阪動物愛護会の主唱者会で、林は大阪動物愛護会の署名発起人を務めていた。同月二五日の発起者会は堂島知事官邸で開かれており、知事のかかわりの深さを示しているが、同じ場所で方面委員関係の会合もしばしば持たれた。大正期の大阪社会福祉界隈の動物愛護運動の中心であった小河滋次郎は、上の方面委員規程の起草を「担当」（林 1918：988）するなど、一般的には方面委員制度の創立に携わった人物として知られる。このように方面委員制度の立役者は、大阪動物愛護会の設立、運営に関わった中心人物でもあったのだ。

第二節　リスクとソーシャルワークと動物愛護

では、動物愛護運動をけん引した人物が、日本の社会福祉の歴史からみても重要な人物であった理由は何だったのだろうか？　その疑問を、大正期の社会福祉の関係者による動物愛護運動をけん引した岩崎の主張から探ってみよう。

公共の安全とソーシャルワーク、日本

動物の虐待は、博愛の精神、人道擁護の主義より、吾人の深く戒むべきことは、既に再三述べ来たるところであるが、同時に又動物虐待の結果は、人間をして残忍非道の蛮行に慣れしめ、以て犯罪の素因を構成し、優美なる天賦の性情を傷ひ、人類の品格を破り、国家の体面を汚し、国民の幸福を防ぐるもの（岩崎 1917：1411）。

岩崎は、動物への残虐なしうちを放置していると、それを見た人間は「残忍非道の蛮行」に慣れてしまい、「犯罪の素因」となるという（上記の共通点⑦）。同じく『救済研究』に掲載された小河の考察もこれに並んでいる。動物虐待は「風教侵害の行為」であるから刑法のなかで規定されるべき、と小河は主張した（小河 1918：127）。

大阪動物愛護会の趣意書にも、同様に動物虐待の放置が「犯罪の素因を構成」するというような因果関係が明示

されている。

（動物虐待防止の措置を講じなければ・著者注）徳性の根底を破壊し、社会の紀綱を紊りて安寧を保ち難きに至らん（無記名 1918a：728-729）。

これらでは、動物虐待が「犯罪」を招き、「国家の体面を汚し」、「国民の幸福」を減じ、社会の「安寧」を脅かすものとされている。では、こうした言説は何に由来するのだろうか。これを考察するためには、世紀の変わり目に日本で盛り上がった一つの「社会改良運動」に関わる議論に目を転じたほうがいいだろう。キリスト教の牧師であった廣井辰太郎の論文をきっかけに起こった動物虐待防止運動である。

高山樗牛の依頼により、廣井は『太陽』に「誰か牛馬の為に涙を濺くものぞ」を掲載し（廣井 1899a, 1899b）、樗牛との論戦という形をとって衆目を集めることになった。その後、仏教界が廣井に接近、仏教徒が「スポンサー」となり、キリスト教徒、知識人、ジャーナリストたちが連携し、一九〇二年に「動物虐待防止会」が設立された（中村 2005）。同会の発起人には著名な政治家や実業家（渋沢栄一）、軍関係者、教育関係者（本田増次郎、湯本武比古）、哲学者（井上哲次郎、井上円了）、医師、社会主義者（堺利彦）など、そうそうたる顔触れがそろった。以下は「動物虐待防止会設立趣意書（案）」（待山 1902：59-61）の末尾である。

要するに動物の虐待は人類の品格を破るものなり文明の体面を汚すものなり国民の幸福を妨ぐるものなり社会の美観を損するものなり同士相謀て茲に本会を設立する所以のもの素より無罪可憐なる無告動物に対する一片

の同情に出ると雖又以て社会人情の根本的改善を計り之に依て健全優美高尚なる大国民の気風を養成せんとするの意志に外ならず。

大正時代の在阪福祉関係者を巻き込んだ動物愛護運動の高まりの約二〇年前から、日本でも動物虐待は「国民の幸福を破壊」し、「社会の治安を妨害する物」（廣井 1899b：172-173）とする思考が広がりはじめていた（廣井 1902）。ちなみに、廣井は一九一八年七月一四日の大阪動物愛護会の創立総会で講演している。

こうした思考は、やはり西洋からの影響を受けたものであった。一八三五年に成立したイギリスの「動物虐待防止法[12]」の影響を、現存する各国の動物愛護法にみることができる。同法は、「ものいえぬ動物を苦しみから救い、同時に〈人民の風俗紊乱〉を防ぐ意図のもとに公布されたもの」（Thomas 1983：263）といわれる。この頃から動物虐待と社会的なリスクをつなぐ思考を確認することができる。

動物虐待と犯罪をつなぐもの

フランス初の「動物虐待罪規定（グラモン法）」はイギリスに一五年遅れて成立した。立法化に尽力したジャック＝フィリップ・グラモン将軍は、一八五〇年一月七日に開催された議会本会議における演説において、法律の提案理由を以下のように述べている。

虐待を予防するということは、人間の精神面の改善と動物の客観面の改善のために働くことであります。動物に対する優しさや同情は、あんがい人間性と結びついております。なぜならば、動物に対して厳しく残虐に

ふるまう人は、自分の支配・庇護の下にあるすべての存在に対してもそうだからです。（略）
この法律は、野蛮な行為を減らすことにより風俗を改善し、人間を流血に慣らし、子供の心に、その子の将来の運命に影響する残虐な習慣の芽を生ぜしめるような、嘆かわしい光景を徐々に消滅せしめるでありましょう。
（略）幼いころ動物を苛めて楽しんでいた人は、たぶん犯罪者となるでしょう（青木 1998：141-237）。

グラモンが「幼いころ動物を苛めて楽しんでいた人は、たぶん犯罪者となるでしょう」と言ったとき、もしかすると一五年前に小さな農村で起こった二〇歳の青年による凄惨な殺人事件（一九三五年）が念頭にあったかもしれない。母親、妹、弟を「粥状」になるまで切りつけた青年は、当時の知によって「鑑定」され、裁判にかけられた。そしてE・D・エスキロールを筆頭とするグループが注目したことの一つが、ピエールが事件以前に「動物にあらゆる種類の残酷なことをし」てきたことであった（Foucault ed.＝1986：163）。この事件は、ミシェル・フーコーが『ピエール・リビエールの犯罪』（Foucault ed.＝1986）のなかで、新興の精神医学が人々の間で権力を帯び始めたケースの一つとしたものだ。パリの精神医学の大家たちは、鑑定によってリヴィエールの死刑宣告の後に王の特赦を引き出そうとし、それに成功した。しかしこれは単に若干二〇歳の死刑囚の減刑を求めていたのではなく、司法の場における精神医学の地位の確立という野望をも秘めていたという。同時に、「犯罪の病理化のための十字軍」として、予防的管理を担う権力を得た学問の一形態たらんと目論んでいた（Foucault＝2000：20-45）。
「王立動物虐待防止協会[13]（Royal Society for the Prevention of Cruelty to Animals）」の事務官を務めたのち「ロンドン児童虐待防止協会」の役職委員となったジョン・コラムも、一八八四年に「動物への虐待は人間への残虐な行為

図 3-1　William Hogarth, *The Four Stages of Cruelty, First stage of cruelty (Plate I)*.
https://upload.wikimedia.org/wikipedia/commons/thumb/4/41/William_Hogarth_-_The_First_Stage_of_Cruelty-_Children_Torturing_Animals_-_Google_Art_Project.jpg/440px-William_Hogarth_-_The_First_Stage_of_Cruelty-_Children_Torturing_Animals_-_Google_Art_Project.jpg

をもたらすのであり、直接的・間接的に抑止すべき」と言及している（Behlmer 1982：67）。王立動物虐待防止協会における活動の初期の段階では、馬や家畜など私有財産を主な対象としていたが、一八三〇年代半ばからは犬や鶏なども含むようになった。つまり馬などよりも犬や鶏のほうが数的にも多く、身近であることから、残虐な行為をより感知しやすくなったといえる。これら人間の生活圏で虐待されているこれらの動物を発見し、通告する役割を担ったのが、地域に配備された動物虐待の存否を監視する視察官（inspector）であった[14]。

ウィリアム・ホガースの銅版画「残酷の四段階（The Four Stages of Cruelty）」（1751）では、犬を虐待していた少年が成人して女性を殺害し、その罰として生きながら人体解剖されたという人生物語が刻まれている

（図３－１）。

ジェイムズ・ターナーは一七世紀後半頃から動物に対する人々の態度が変化し、憐れみの感情が生まれてきたことを指摘した。この銅版画にあるように、動物への虐待は犯罪行為へとつながるという思考も一八世紀中ごろまでには定着していたという。その要因として、一八世紀に人道主義的感受性が興隆をみたこと、人間は根本的に動物であるという科学的研究が蓄積されたことなどをあげている。一八世紀末には比較解剖学や生理学などの発展、後のチャールズ・ダーウィンの『種の起源』（1859）や『人間の由来』（1871）を契機に、人間と動物が生物学的に近いということが明らかにされ浸透していった（Turner＝1994：104-136）。

動物虐待防止運動とは、人道的な精神を普及させるものであったと同時に、学問的な見地から、動物をある種のアラームにして将来の犯罪の芽を摘もうとする営みであった。こうした意図が日本にも流入したが、明治時代の廣井らの活動よりも小河らの米騒動前夜の活動のほうが強かったように思える。というのも、小河は内務省に入省後、監獄運営に携わり近代的行刑制度の確立に寄与、国立感化院設立に参与するなど、当時の犯罪に関する知に通じていた人物であった。小河は子どもの犯罪に対しては懲罰ではない教育主義を唱えたが、当時の司法省の懲罰主義路線と対立、孤立したことから一九〇八年に司法省を退いている。野に放たれた小河が着手したのが大阪府の救済事業研究会であり、大阪動物愛護会であり、方面委員制度であったのだ。小河にとって、動物への虐待行為を社会から追い出そうとする活動は、リスクを社会から取り除くソーシャルな仕事として必要なものであった。

このように、動物愛護運動をけん引した人物と、「社会事業家」が重複していたという事実は、なんら不自然なものではない。

第三節　動物愛護運動と方面委員制度を貫く社会ダーウィニズム

動物愛護運動にある進歩史観

明治期の東京を中心に起こった動物虐待防止運動[15]と、大正期の大阪動物愛護会の共通点をほかにあげるとしたら、科学を装った進歩史観であろう（上記の共通点⑧）。

一八九〇年代初頭、横浜で発行されていた英字新聞では、日本人の動物に対する非人道的な行為がしばしば批判的に取り上げられた。伊勢田哲治は、これらの報道が日本初の動物愛護運動の背景にあった「外圧」と指摘する（伊勢田 2009：4–12）。だからこそ、廣井は「牛馬酷使」は「我国の体面を潰」すものと認識し（廣井 1899b：174）、堺利彦も「社会としては実に文明の名に恥ずべきこと」（堺 1903：8–9）と述べたのであった。この認識は、大正期の議論のなかでも踏襲されている（岩崎 1917：1411）。日清日露戦争の前で黄禍論が本格化する前であったとはいえ、当時の英字新聞読者が、近代化・欧米化を精力的に推し進める日本人のなかに野蛮さの証拠を探し求め（つまり社会の「進化」の過程において、ヨーロッパに遅れるものと位置付け）、語りたかった姿がうかがえる。

一九一七年八月二八日、愛知県知事・松井茂は「家畜保護規定」を発布した。同年一一月一九日には大阪府も同様の告諭をおこない、その流れのなかで大阪動物愛護会が生まれた。松井は「動物を愛護することは最も今日の急務」としたうえで、次のようにも説いた。

（著者注・ヨーロッパの）何れの国に於ても野蛮時代にありては動物格闘の事実があって、人類も喜んで之を観覧したのであるが、今や此蛮風は地を払ったのである（松井 1922：1027–1028）。

松井にとって、動物虐待の「蛮風」は過去の「野蛮」な時代に属するもので、文明開化が進んだ段階では、動物愛護の精神が行き渡っていなければならない。たとえばイギリスにおいて、動物虐待防止法が施行され愛護団体が人々の生活を巡視するまでは、牛や熊を杭につないで犬をけしかけるなどのブラッド・スポーツが盛んであった。こうしたスポーツは一九世紀に入ると急速に姿を消す。

ターナーは、工業化により、それまでの農業生活では経験することのなかった規則正しい生活が始まったことが、伝統的な娯楽であったブラッド・スポーツ廃止の原動力であったという（Turner＝1994：45–47）。もともと太古から、熊や牛を杭などに繋いで犬をけしかけたり石を投げたりするブラッド・スポーツは、民衆の娯楽であった。工業化がはじまってからも、初期の段階においては、工場の単調なルーティンワークに疲れた労働者の気晴らしであったという。血まみれのスポーツは、夜な夜な町の中心にある広場やパブで繰り広げられた。「腹を切り裂かれて空中に投げ上げられた犬」（Turner＝1994：36）、アルコールの臭いが漂い、賭けの勝敗をめぐる悲鳴や歓声と断末魔の鳴き声がこだまする。

これら無秩序や混乱は、新しい資本主義社会にそぐわない。なぜなら工場の労働者は、毎朝同じ時刻に職場にゆき、定められた仕事をこなす必要がある。工場で労働者を管理する側の人々にブラッド・スポーツは生産性を低下させる根源と認識され、しだいにこれへの視線は厳しいものとなり、ついには犯罪とされた[16]。日本で動物虐待防止運動が起こったきっかけの一つとして「外圧」があったが、動物に憐みのまなざしを向けることは「野蛮」な状態から脱し、「社会進化」するため方策の一つと認識されたと同時に、そこにはこうした工業化や都市化、近代化という背景もあった。

日清戦争を経た大正時代の大阪の福祉領域の動物愛護運動の主導者であった小河も、「文明列国」のなかで動物虐待防止に関する法律が整っていない国々をあげ、「堂々たる我が日本帝国も亦たこの不名誉なる数箇国の仲間入をせねばならぬと云ふことは、如何にも残念の至りなり」（小河 1918：126）と嘆いている。

方面委員制度の基礎となった進歩史観

こうした進歩史観は、当時のアカデミズムの文法であったことは良く知られている。街に西洋式の建物が次々と建てられ、服装や風習や食べるものまでも激変していった時代、社会の変化は万人が実感できるものだったのだろう。方面委員に関する資料にも、この進歩史観が取り入れられていた。配布用のフリガナ付き「方面委員設置趣意書[17]」（一九一八年一二月二日）には、以下のような文章がある。

> 世の中が進歩し社会が複雑になればなるほど生存競争が劇しくなつたり其他生活の事情がいろいろ変つてくるために、だんだん不幸な窮境に陥り、一家相抱いて悲嘆の暗涙に咽ぶといふやうな哀な者も多くなりますが、洵に同情に禁へぬ次第であります。

社会の「進歩」により、「生存競争」が激しくなる。そんな「世の中」で路頭に迷う者がいるのは、ある種の必然のように理解されている。

こうした思考は、時代を下った第二次世界大戦のさなか、国家総動員法公布（一九三八年）により総力戦体制が敷かれていた時代の方面委員制度に関する文献にも見受けられる。原泰一は『方面事業』（1941）のなかで、方面委員制度の歴史を振り返り、次のように述べている。

今日社会の事情を観ずるに生存競争は日一日と激烈となり、優者は益々優り、劣者は弥々劣るが如き有様にして貧富の懸隔愈々甚だしくなるの現状である。而して是等の生存競争の落伍者を放任せんか、反社会性を醸成し、社会の重大疾患たるに至るは真に火を睹るより明かなる處である（原 1941：69）。

進歩史観は、当時の社会事業＝ソーシャルワークの基礎にも据えられた。こうしたソーシャルワーク領域の進歩史観の延長線上にあったのは、社会ダーウィニズムであり、優生学であった。引用されたのは、エミール・デュルケームやフェルディナント・テンニース、そしてハーバート・スペンサー、チャールズ・ダーウィンなどである。

第一章で述べたように、ソーシャルワークの萌芽期において、優生学はソーシャルワークを専門職化するために外せない「科学」の一つであった（三島 2007：33-36）。たとえば賀川豊彦は『貧民心理の研究』で、「貧民窟」や「特殊部落」に住む「貧民」には入れ墨をしている者が多いことをあげ、彼らの皮膚の感覚が「鈍い」とし、次のような実験をおこなっている。

貧民の中で、少し馬鹿の人間には針を刺しても痛いことを感じないものが有る。私が世話してたゐた、栄吉と云ふ子供などはそれである。私が栄吉の手に針を刺して見たが、彼は余り疼痛を感じ無かつた。彼は本年十六歳の不良少年で、盗癖のある少し馬鹿である（賀川 1915：282）。

賀川にとって、「貧民」の皮膚の感覚が「鈍い」ことは「最も退化して居ることの証拠」（賀川 1915：279）であった。「子供が寒中平気で、シャツ一枚で飛び廻って居るのも、彼等自身が蒲団なしに、裸体で、畳の上に横臥し、衣をその體の上に乗せて一夜の夢を貪り得る」（賀川 1915：285）といった「野蛮な生活」ができるのも、同様に「退化」しているためとされた。

当時の疑似科学的な社会ダーウィニズムともいえる観点から、貧困者＝他者を一般の人とは異なる存在と見なし、貧困問題を解決しようとしていた。多様な人々を「人類の進化」の線上に並べるような、こうした試みは、人間に優劣をつけることでもある。また学際性を重んじるソーシャルワークの論拠の一つとされた社会学だが、たとえば社会学者の米田庄太郎は、賀川の『貧民心理の研究』に序文を載せたり、様々な雑誌に優生思想の色濃い「浮浪人の科学的研究」と題した論文を寄稿したりしている。

以上では進歩史観を批判しているようだが、社会は確かに変動する。昔ながらの相互扶助は、産業構造が変化し、近代化、都市化した現代社会において成立が難しくなってきたなどという認識は必要である。ただ、過去のソーシャルワークにおいて、こうした社会ダーウィニズム的な歴史観が採用され、それが社会的弱者にとって新たな困難となっていたことは記憶されるべきであろう。

「貧民＝動物」を救うこと

賀川は、スラム街に住む者は一般の人々とは異なるという疑似科学的な痕跡を探し出し、それを「退化」の「証拠」にしようとした。これは前章のウィリアム・ブースの線引き、アフリカの「退化した」二つの種族を、「ヒヒ人間」と「目鼻立ちの整った小人（ドワーフ）」に分け、ロンドンの「堕落した怠惰な」貧民と「苦役につく」貧民と重ねる線引きと同じ位相にあるのだろう。

ブースがすごいのは、こうしたコロニアリズム色が濃厚で優生思想的な疑似科学があってはじめて成り立つ、弱者救済のためのロジックを提示したことである。

今も世界一二八の国で活動している「救世軍」の初代「大将（General）」であるブースは、「最暗黒の英国」にある「現世の地獄」、過酷な状況から「見捨てられた人々」を救おうと様々な事業に着手した。彼が貧困問題に楽観的だったのは、探検家スタンレーが恐怖に打ち勝ち、「死の陰の谷の森」を抜けて前進し、その「暗黒」地帯を脱出できたからである。ロンドンの最も「ダーク」な部分に住む生活困窮者たちも、いつの日かそこから脱出できるはずだと。

ブースは、刑務所にいる犯罪者の生活よりも過酷な状況に追いやられている、ロンドンの「恐ろしい泥沼」に沈む人々のために、ある基準を設けることを主張する。

　ロンドンの馬車の馬の基準（The standard of the London Cab Horse）（Booth＝1987：19）。

囚人の生活水準をすべてのイギリス人に保障することは夢想に過ぎない。ならば、ロンドンで苦役につく馬と同等の基準ぐらいは人間に対しても満たせないかという提案である。

ロンドンの馬が路上で倒れた場合、人々はそれを立ち上がらせようとする。通行の邪魔でもあるからだ。馬が「注意散漫」だったり「バカ」だったりしたために、ひっくり返ることもあるだろうが、多くの場合、過労か栄養不良のために倒れる。ロンドンで馬車を引く馬である限り、路面から引き起こされ、その原因を探って手当を受け、回復した後にまた仕事に復帰する（させられる）だろう。馬は倒れれば助け上げられる。これは、ロンドンで労働する「馬車馬の特権（the Cab Horse's Charter）」であると強調された（Booth 1890＝1987：20）。

馬車馬にはもう一つの特権があるといい、それは生きている限り、寝床と食料と仕事があるということである。ここで馬は野生の馬や農村で飼われる馬ではなく、ロンドンの貸馬車の馬であることが重要となってくる。二つの特権が保証される馬とは、馬車を引くという仕事をもつ、労働する馬である。労働に身をやつす限りにおいて、食事や宿舎を約束されるということだ。

労働者と動物を並べたのは、ブースのオリジナルではない。ブースは、トマス・カーライルの『過去と現在』（1843）に収められている、一八一九年にイギリス・マンチェスターで起こった「ピータールーの虐殺」と呼ばれる暴動についてのエッセイを下敷きにしていた。この暴動は、不況や失業、飢饉などを受けて選挙法改正を求める六万人規模の集会に騎兵隊が突入して鎮圧し、一五人が死亡、七〇〇人以上もの負傷者を出す惨事を招いた。労働者階級が初めて奮起した象徴として知られるこの事件を論じるなかで、カーライルは「働く馬はみな充分に餌を与えられているが、無数の労働者は飢えて死ぬ、ばかばかしい世の中」（Carlyle 1843：21-23）と嘆息する。「四つ足の労働者」（馬）は、「二本の手をもつ労働者」（人間）が手に入れたくとも手に入らない、食べ物と住む所を得ている。カーライルは、この「ばかばかしさ」を指摘した後、人間にも馬と同様の待遇を求めたのであった。

カーライルのエッセイから約四〇年を経ての、ブースの「馬車馬の特権」であった。前述のように、イギリスでは「王立動物虐待防止協会」（一八二四年）の設立や「動物虐待防止法」（一八三五年）の施行から半世紀以上たち、動物の苦痛（cruelty）を未然に取り除く試みが都市部では浸透しつつあった。[18] たとえば、王立動物虐待防止協会は、

図 3-2　Metropolitan Drinking Fountain and Cattle Trough Advert, from Burke's Peerage
From Wikimedia Commons, the free media repository
https://commons.wikimedia.org/wiki/File:Ad-Ed7-metfountaintrough.png

一八六〇年代から「首都無料水飲み場協会（Metropolitan Free Drinking Fountain and Trough Association）」と共同でロンドンの町中で働く牛馬向けの水のみ場を設置しはじめ（図3－2）、今も各所に残っている[19]。

大阪動物愛護会も、同様の牛や馬向けの水飲み場を設置する事業を展開していたようだ[20]（無記名 1918b：985-986）。時期は一九一八年「八月中」。富山市の漁村で「女一揆」と報じられた米騒動が起こったのは七月二二日で、八月一〇日には京都市と名古屋市、翌一一日には大阪市、神戸市に飛び火した。そんななか、八月一〇日にも知事官邸で動物愛護会は会をもったようだ。『救済研究』誌上には、カーライルのような皮肉屋は見受けられないが、当時の緊迫した「社会（せけ）」から、人間よりも動物の「救済」を優先させているという誹りの声が聞こえてくるようだ。

子どもの数より飼われる犬や猫の数の方が多い現在[21]、動物愛護管理法も存在する。家庭内のペットに比べて、人間は飢えや排除や生命の危険から解放されたと言えるだろうか。カーライルの憤りは今も続いているのではないか。「動物以下」の生活をしている人びとが存在することに慣れきってはいないか。

（1）高野昭雄は、米騒動は東日本よりも関西をはじめとする西日本の大都市で大きかった原因の一つを、食生活の違いにあると指摘している（高野 2014：103-126）。西日本や漁村では、都市最貧困層の主食物が、残飯から白米へと変化し、中でも肉体労働者は、激しい労働をおこなうため白米を多量に食べる傾向があったという。このため、西日本の都市のほうが、より切迫した状況であったといえる。また米騒動では大きな商店や資産家が焼き討ちに遭ったが、「階級闘争」として認識されることがあった。

（2）「弘済会」は、一九〇九年に大阪市北区で発生した大火の際の御下賜金と市民等からの義捐金の残額を基金として、大阪府知事と大阪市長、大阪朝日新聞と大阪毎日新聞の社長が設立者となって一九一二年八月に誕生した。一九四四年、大阪市が事業を引き継いで「大阪市立弘済院」となり、現在に至っている。村上帰之の『善き隣人』（1929）の方面委員の活動の事例のなかでも散見され、そこでも重要な役割を果たしていたといえる。

（3）三田谷は呉秀三から精神病理学、富士川遊から治療教育学を学んだ医師。一九一一年、ドイツのゲッティンゲン大学やミュンヘン大学に留学し、一九二七年に「三田谷治療教育院」を兵庫県芦屋市に設立した。

（4）賀川豊彦と親交が深く、賀川が指揮していた関東大震災の難民救済事業を手伝った。震災の年に出版された『どん底生活』では、当時の貧困層の人々の状況を伝えている。

（5）大阪動物愛護会の創立総会は、七月一四日には大阪市内の浪花尋常小学校講堂で開催された。このとき一五名の理事が指名され、発起人総代である稲田譲と小河滋次郎に加え、岡島伊八（救済事業同盟会長）や毎日新聞と朝日新聞の記者、府議会議員の筒井民次郎や中井一馬といった政治家などが名を連ねた。なかでも全体の三分の一を占めたのは、警察・軍隊の関係者であった。

（6）方面委員制度が設立される前年の一九一七年四月、小河は徳富蘇峰や生江孝之内務嘱託らと共に岡山を訪れ済世顧問制度を視察したこと、小河は以前からドイツのエルバーフェルト制度に関する研究（小河 1912）をしていることから、方面委員制度が米騒動後に突如湧いて出たわけではない。

（7）岩崎は、一九一七年八月二八日に愛知県が「突然」、「家畜保護規定」を発布、同年一一月一九日には大阪府も同様の告諭を行ったことを「動物虐待防止運動の復活の端緒」とみて期待したという（岩崎 1917：1399）。なお、大阪府知事大久保利武は、一九一三年に旧知の小河を指導嘱託として招き、「救済事業研究会」（主催は小河）を立ち上げた。したがって、大阪府の告諭には小河が関わっていた可能性がある。
（8）肩書は、「第四師団獣医部長陸軍一等獣医生」であった。
（9）後に『社会事業研究』（1922-1943）、『厚生事業研究』（1943-1944）と改称された。
（10）『社会事業研究』（『救済研究』から改称）の一九二七年第五巻第三号では、例外的に重荷を運搬する牛馬向けの給水槽が設置された記事がある。細々と事業は続いていたのだろう。調べたかぎりでは、関東大震災（一九二三年）後に『社会事業』誌上で動物愛護活動が言及されることはなくなった。
（11）これは本当に神話であるらしい。林が新聞売りの母子を目撃し警察に調査を依頼したのは事実で書類も残っているが、方面委員規程の公布（一九一八年一〇月七日）の二日後だった。村島は、林が理容室にいた時期を「それは、大正七年の秋なかば、ちちろ虫の鳴く頃――の或る日」（村島 1929：1）と、日付を特定せず情緒豊かに描いている。なお村島の『善き隣人』は林市蔵自身が校閲したという。詳しくは小笠原（2013b：241-265：2017）を参照。
（12）これに先立って、一八二二年にリチャード・マーティンという議員によって提出された、家畜の残虐で不適当な使用を禁止する「畜獣の虐待及び不当な取り扱いを防止する法律（通称・マーティン法）」がある。
（13）一八二四年に誕生した「動物虐待防止協会」が一八四〇年にヴィクトリア女王の命によって「ロイヤル」を冠し「王立動物虐待防止協会」となった。
（14）視察官は警察の制服によく似た制服を着用し、町を巡回した（三島 2005b：116-120）。
（15）伊勢田によると、廣井自身は「動物保護」という語を用いており、「動物愛護」の語が用いられたのは、動物虐待防止会に付設された少年団体が「少年動物愛護会」という名称で活動を始めた一九〇六年であったという（伊勢田 2016）。
（16）実際、起訴されたのは、初期の頃、ほとんど労働者階級の人々であったという（Thomas＝1989：263）。
（17）村島（1929：11-12）より引用。
（18）一九世紀の英米における動物虐待防止活動において、直接的な動物虐待の防止活動に加えて、子どもに動物への優しさを育む教育、当時の交通に欠かせなかった牛馬が路上で喉を癒す水のみ場の設置などが重要な活動と考えられていた。
（19）北アイルランドのベルファーストで一八四三年から町中に動物向けの水飲み場を設置されたのが始まりといわれる。一八五九年に設立された「首都無料水飲み場協会（Metropolitan Free Drinking Fountain Association）」は、王立動物虐待防止協会の支援を得て牛馬や犬などのために水桶を設置したことから、一八六七年に「首都無料水飲み場及び動物用給水器協会（Metropolitan Free Drinking Fountain and Cattle Trough Association）」と改名した（逆井 2000）。車社会になった今も、イギリスでは少なからずの水飲み場が保存されており、もっぱら花壇として活躍している。新宿東口に残されている「馬水槽」もその歴史を伝えるものである。ちなみに、ロンドンの水飲み場については、動物向けのものよりも人間向けのほうが早く導入された。一八五四年に医師のジョン・スノウがロンドンで流行したコレラの汚染源は、ソーホーにあるポンプ式井戸水であったことを突き止め、首都無料水飲み場協会が設立された。一八六五年までには八五か所の水飲み場が建設されたという（逆井 2000：38）。貧困という緩やかな死ではなく、コレラという死の病のリスクがあったから、人間向けの水飲み場が先に設置されたのだろう。

（20）　とはいえ、この時、設置された水飲み場はビールの空樽を利用した仮のものにすぎなかった。

（21）　総務省の発表した二〇一七年四月現在の一五歳未満の子どもの人数は一五七一万人。これに対し、二〇一五年の犬と猫の推計飼育頭数は一九七九万頭である（一般社団法人ペットフード協会 http://www.petfood.or.jp/topics/img/160129.pdf）。

第四章　多様性を讃えること

第一節　多様性という概念

ソーシャルワークのグローバル定義に含まれる多様性の尊重

本章では、ソーシャルワークのグローバル定義に盛り込まれた「多様性／ダイバーシティ（diversity）」という言葉に焦点を当てる。この言葉は第一章で検討した在来知や第二章の植民地主義などに比べると、日本でも親しみのある言葉である。とはいえ、日本語の多様性という語は、さまざまな場面で一般的に用いられており極めて多義であるため、注意が必要な語であるともいえる。また近年では、「ダイバーシティ」がそのまま外来語として用いられることも増えている。とはいえ「ダイバーシティ」は「グローバル時代のビジネス」などとセットで用いられることが多く、日本では主に女性や外国人の活用が話題の中心に置かれるようだ。

英語圏のソーシャルワーク領域において、diversity は一九九〇年代半ばから頻繁に言及されるようになり（Harris and White 2014）、二〇〇〇年代に入ってからは国際的な倫理綱領のなかにも盛り込まれるようになった。二〇〇四年に開かれた国際ソーシャルワーカー連盟（ＩＦＳＷ）と国際ソーシャルワーク学校連盟（ＩＡＳＳＷ）の総会で承認された倫理綱領、「ソーシャルワークにおける倫理――原理に関する声明（Ethics in Social Work: Statement of Principles）」の「4.2. 社会正義」には、以下のような記述がある。

多様性を認識すること（recognising diversity）

ソーシャルワーカーは、自分たちが実践する社会での民族的・文化的な多様性を認識し、尊重しなければならない。そこで個人・家族・グループ・コミュニティーに違いがあることを考慮しなければならない（IFSW & IASSW 2004：3）。

この倫理綱領は、二〇〇〇年に採択された「ソーシャルワークの定義」に依拠している。この定義本文のなかには多様性という語はないものの、注釈部にある「実践」の項に以下のような言及がある。

ソーシャルワークのこの全体論的な視点は、普遍的なものであるが、ソーシャルワーク実践での優先順位は、文化的、歴史的、および社会経済的条件の違いにより、国や時代によって異なってくるであろう（IFSW 2001：2）。

二〇〇〇年のソーシャルワーク定義は日本の社会福祉教育でも基礎におかれてきたため、人間の多様性を認識し尊重することの重要性はすでに日本でも認識されているといえよう。
二〇一四年のソーシャルワークのグローバル定義の本文では、以下のように示されている。

社会正義、人権、集団的責任、および多様性尊重（respect for diversity）の諸原理は、ソーシャルワークの中核をなす（IASSW & IFSW 2014 : 2）。

このように差異を尊重することは、ソーシャルワーク実践の「諸原理」として社会正義・人権・集団的責任に並んで最も重要なものとされている。また同定義の「原則」の項目にも「ソーシャルワークの大原則は、人間の内在的価値と尊厳の尊重、危害を加えないこと、多様性の尊重、人権と社会正義の支持である」と記されており、多様性という言葉はこれまで以上に重要視されているといえる。

後に述べるように、この多様性という言葉の示す範囲は人種や民族のみならず年齢や階級、性的指向性、宗教まで幅広いこともある。また差別発言とまで認識されないまま、多様な人々が「ちょっと変わった感じの……」「あちらの人」「ヘンな人」などと形容されてきた。

国際化やグローバリゼーションが叫ばれて久しいが、多民族国家に比べると、「日本は単一民族国家」と政治家が口を滑らせてしまうほど、多数派の占める割合は極めて高い。こうした状況がもたらす多様性軽視の例を日常的な場面から難なくあげることができる。メディアでは女性差別発言や人種差別発言を定期的に報じ、娯楽番組では性の多様性が笑いの対象にされている。またインターネットの普及にともない、新たな形での排外的な動きも高まっている。福祉を学ぶ学生は相対的に意識は高いといえるが、やはりこうした潮流の影響を受けていることは否めない。そうした現在に生きる学生と向き合うのが、社会福祉教育である。

本章では、二〇一四年ソーシャルワークのグローバル定義において存在感を高めたdiversityの各種定義や基準における意味を概観し、その歴史的経緯や思想的背景を検証する。そして価値の教育をおこなう際に重視される「隠れたカリキュラム」の視点から、社会福祉教育においてどのように多様性への理解を促していくべきか考察する。

多様性の意味

日本で「多様性」という言葉があらゆる場で用いられているように、英語圏においてもdiversityやdiverseは日常語である。一般的な英和辞書『ジーニアス英和辞典』には、diversityの意味として①相違、差異、相違点、②(a)多様性、種々、雑多、(b)人種の多様性があげられている。語源は、ラテン語dīversitās由来の古フランス語diversitéという。古フランス語diversitéの意味は、差異、多様性、ユニークな特徴、奇異、不正、悪意である。またラテン語dīversitāsには①否定、反対、不両立、矛盾、②差異、多様性の意味があった。このように古フランス語やラテン語には、差異・多様性といった意味に加えて否定的なニュアンスが含まれていた。これと同様に、一五世紀後半から一七世紀までの英語には、「合意や正しさと真逆にあるもの、邪悪、悪」といった意が含まれていた。一八世紀後半の民主主義の高まりの中で、多様性を積極的に受け入れていこうとする土壌が整い、こうした否定的な意味合いが薄れ中立的になってゆき、一九九〇年代からは逆に多様性を賛美するようなポジティブな意味となったという（Online Etymology Dictionary 2014）。

いっぽう、日本語の「多様」という言葉を一般的な辞書で調べてみると、「いろいろ異なるさま。異なるものの多いさま」（『広辞苑』）、「様式・傾向がさまざまに分かれること」（『大辞泉』）などと表記されている。

多様性という語自体は、これまでの日本のソーシャルワーク領域ではあまり利用されてこなかった。人種や民族、宗教などが異なる人々に対するソーシャルワークに関しては、「多文化ソーシャルワーク」や「文化的（カルチュラル）・コンピテンス」などがキーワードとされることが多く、これらに関する意義深い研究は多く存在する。ちなみに森田ゆりはdiversityを「多様性・多文化共生」と訳し、多文化主義（multi-culturalism）や文化多元主義（cultural pluralism）と「意味するところはほぼ同じ」と述べている（森田 2008）。

多文化ソーシャルワークとは「多様な文化的背景をもつクライエントに対するソーシャルワーク」、「クライエントとワーカーが異なる文化に属する援助関係において行われるソーシャルワーク」、「クライエントが自分の文化と異なる環境に移住、生活することにより生じる心理的・社会的問題に対応するソーシャルワーク」（石河 2010：108）である。二〇〇九年の日本社会福祉学会では学会企画シンポジウムのテーマになるなど、日本でも実践や研究が重ねられてきた[1]。

また文化的コンピテンスとは、「文化の多様性に対応したサービスを提供できる多文化への対応能力、すなわち個人の文化や文化的力量を集団における際に配慮してサービスを提供できる力量」（高橋・庄司・才村ほか 2008：3）や「違った文化背景をもつ人への関わりにおいて求められる知識や技術であり、ソーシャルワークは勿論のこと、看護、教育（社会教育含む）、就労における労務管理などの多岐に亘る対人援助分野で必要とされるもの」（原 2011b：90）とされる。添田正揮は「グローバルスタンダードの観点から見た場合」、文化的コンピテンスとは「多文化化・多様化するグローバル社会で生活している人々を援助するソーシャルワーカーにとって必要不可欠となる能力」とし、差異の具体例として「人種、民族、文化、階級、ジェンダー、性的志向、宗教、身体的あるいは精神的能力、年齢、国籍の違い」をあげている（添田 2012：1）。

このように、多様性という言葉は用いられずとも、同様の研究や実践はこれまでもなされてきた。とはいえ多文化や文化的コンピテンスの語が用いられるときには、主に在日外国人が論じられる傾向にあった[2]。これは日本が戦前、植民地の宗主国であったことから他のアジア地域出身の「在日」が多かったこと、あるいは高度成長期以後のいわゆる「ニューカマー」が多い現状を反映したものであろう。このため人種や民族、文化以外の差異が多様性の語に含まれていることを認識しつつも、在日外国人に重点が置かれることが多かったといえる。

それでは、これまで日本のソーシャルワーク領域において、多様性という言葉はどのように用いられてきただろうか。第一に考えられるのは、辞書にもあるような一般的な用法であろう。たとえば学生はバイステックの七原則にある「個別化の原則」を学ぶ際、この言葉に出会うだろう。利用者各個人がもつ価値観や世界観、経験などは無限の広がりがあることを示すときにこの言葉は用いられてきた。第二に、ソーシャルワーカーの特性について述べるときにも「多様」は多用されてきた。ソーシャルワーカーは様々な場で様々な役割を担い様々な実践をおこなう。そこでソーシャルワーカーが出会う利用者も子どもから高齢者まで多種多様であり、連携する他の専門家や同僚も様々である。またソーシャルワーク実践の根拠となる理論も多岐にわたっている。こうした特徴をこの言葉で修飾してきた。第三にソーシャルワーク領域において、社会福祉の「パラダイム転換」を彩る形容詞としても用いられてきた。一九九〇年代後半から検討された社会福祉基礎構造改革のなかでは社会福祉の（準）市場化に伴い「福祉の多元化」がキーワードの一つにあげられた。行政やボランタリーセクター、インフォーマルなケアの担い手に加えて、福祉サービスの供給主体として民間営利団体も参入を促す福祉多元主義（welfare pluralism）が議論されるとき、多様という語がしばしば用いられてきた。

このように多様（性）という言葉は、昨今の日本の社会福祉の重要な論点でたえず利用されてきた。こうした論点との混同を避けるため意図的に「多文化」「文化的（カルチュラル）・コンピテンス」などの言葉が用いられてきたのかもしれない。

第二節　社会福祉教育領域における多様性の定義

英米の社会福祉教育関係の文書にみる多様性

では多様性の定義を社会福祉教育関連の組織の文書から取り上げてみよう。米国の大学教育の認可機関である「高等教育認定協議会（Council on Higher Education Accreditation：CHEA）」に承認された社会福祉教育課程の認可機関「米国ソーシャルワーク教育協議会（Council of Social Work Education：CSWE）」による「教育方針および認定基準（Educational Policy and Accreditation Standards：EPAS）」と呼ばれる基準がある（室田 2012：312；寶田 2010；添田 2012）。同基準において diversity は以下のように定義づけられている。

> 年齢、階級、肌の色、文化、障害、エスニシティ、ジェンダー、ジェンダー・アイデンティティとジェンダー表現、滞在資格の有無、政治的イデオロギー、人種、宗教、性別、性的志向（CSWE 2008：4-5）。

diversity という概念の重要性は、ＣＳＷＥの基準の第二章「目に見えるカリキュラム（explicit curriculum）」および第三章「隠れたカリキュラム[3]（implicit curriculum）」双方に表記されていることからもうかがい知ることができる。第二章では、「ソーシャルワークのカリキュラムと専門的実践」「核となるコンピテンス」「専門的判断のための情報を提供するためにクリティカル・シンキングを適応すること」などカリキュラムの内容や重視するべき倫理や権利などが示され、diversity を尊重する価値を盛り込むことが望ましいとされる（CSWE 2008：3–10）。ここでカリキュラムの構成や教育内容ではない部分、後に述べる「隠れたカリキュラム」への配慮について言及されている点に注目されるべきであろう。

次にイギリスの例を見てみよう。「英国高等教育質保証機構（The Quality Assurance Agency for Higher Education：QAA）」は、イギリスにおける高等教育資格の適正な水準に関する公共の利益の保護、及び高等教育の質の管理に対する継続的な改善の促進を目的として、一九九七年に設立された非政府機関である（QAA＝2007）。同機構が定めた「専門分野別目標到達基準：ソーシャルワーク」（QAA 2008）にも多様性への言及がある。ここで多様性の具体的例としてあげられているのは以下である。

社会階級・ジェンダー・エスニックの違い・年齢・セクシャリティ・宗教的信念（QAA 2008：8）

同時に、同到達基準や高等教育機関が依拠するのは、二〇一〇年に成立した「平等法（Equality Act）」だ。同法で保護の対象となる属性（protected characteristics）は、年齢、障害、性転換（gender reassignment）、人種、宗教または信条（religion or belief）、性別、性的指向（sexual orientation）、婚姻・同性婚（civil partnership）、妊娠（出産）である。

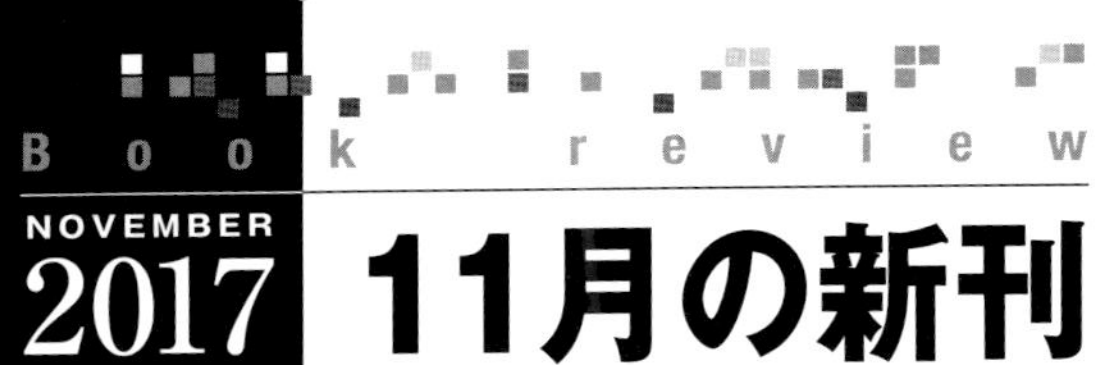

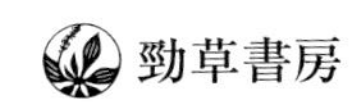
勁草書房

〒112－0005 東京都文京区水道 2－1－1
営業部 03－3814－6861　FAX 03－3814－6854
ホームページでも情報発信中。ぜひご覧ください。
http://www.keisoshobo.co.jp

表示価格には消費税は含まれておりません。

情動の哲学入門
価値・道徳・生きる意味

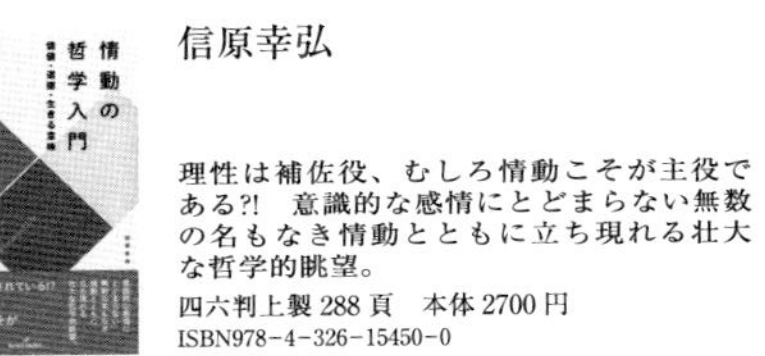

信原幸弘

理性は補佐役、むしろ情動こそが主役である?!　意識的な感情にとどまらない無数の名もなき情動とともに立ち現れる壮大な哲学的眺望。

四六判上製 288 頁　本体 2700 円
ISBN978－4－326－15450－0

日本政治とカウンター・デモクラシー

岩井奉信・岩崎正洋　編著

現在の日本において民主主義は機能しているのであろうか。国会の外で叫ばれるもう一つの民主主義を通して、日本の政治を捉えなおす。

A5 判上製 304 頁　本体 3700 円
ISBN978－4－326－30261－1

帝国の遺産と現代国際関係

納家政嗣・永野隆行　編

勁草法学案内シリーズ
マンション法案内　第 2 版

鎌野邦樹

勁草書房
http://www.keisoshobo.co.jp
表示価格には消費税は含まれておりません。

11月の重版

宗教の見方
人はなぜ信じるのか
宇都宮輝夫

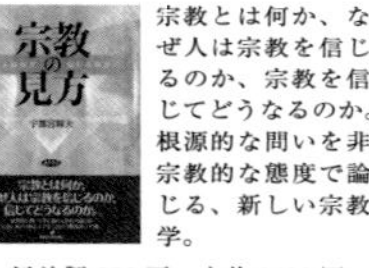

宗教とは何か、なぜ人は宗教を信じるのか、宗教を信じてどうなるのか。根源的な問いを非宗教的な態度で論じる、新しい宗教学。

A5判並製 256頁　本体2400円
ISBN978-4-326-10220-4　1版2刷

言語はなぜ哲学の問題になるのか
I.ハッキング
伊藤邦武 訳

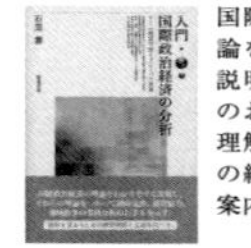

ホッブスからデイヴィドソンまで、近世以降の主な言語哲学の流れを概観し、背後にある問題意識を探る。言語哲学の標準的な参考書。

四六判上製 352頁　本体3700円
ISBN978-4-326-15219-3　1版11刷

入門・国際政治経済の分析
ゲーム理論で解くグローバル世界
石黒 馨

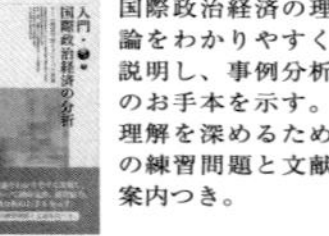

国際政治経済の理論をわかりやすく説明し、事例分析のお手本を示す。理解を深めるための練習問題と文献案内つき。

A5判並製 240頁　本体2800円
ISBN978-4-326-30167-6　1版8刷

市民法学の輪郭
「市民的徳」と「人権」の法哲学
篠原敏雄

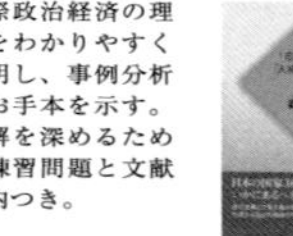

日本の国家、国民精神、法学はいかにあるべきか。共和主義と立憲主義を理論的支柱とし、国家共同体を形成する国民精神の在り方を探る。

A5判上製 296頁　本体3700円
ISBN978-4-326-40318-9　1版3刷

新版　ローマ法案内
現代の法律家のために
木庭 顕

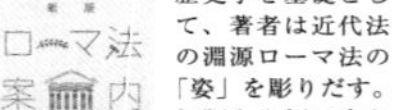
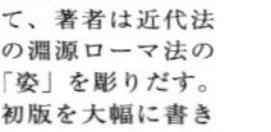

歴史学を基礎として、著者は近代法の淵源ローマ法の「姿」を彫りだす。初版を大幅に書き

すぎないのか？

ISBN978-4-326-30263-5

四六判並製 336 頁　本体 2300 円
ISBN978-4-326-49936-6

新訂経営学講義

板倉宏昭

現実社会で経営学が果たす機能を具体的に理解しよう。経営学の基本を展開する教科書の改訂新版。独習に配慮した問題集ほかを新たに追加。

A5 判上製 528 頁　本体 3800 円
ISBN978-4-326-50441-1

ジェンダーとセクシュアリティで見る東アジア

瀬地山 角 編著

東アジアの性、家族、社会。何が変わり、何が変わらなかったのか？　2000年代以降の状況を気鋭の研究者たちが新たな視角から切り込む。

A5 判上製 328 頁　本体 3500 円
ISBN978-4-326-60298-8

ガバナンスとリスクの社会理論
機能分化論の視座から

正村俊之 編著

「ガバナンス」と「リスク」をキーワードに企業、行政、宗教といった領域で立ち現れる問題を取り上げ現代社会の理論的解明を試みる。

A5 判上製 192 頁　本体 3500 円
ISBN978-4-326-60299-5

批評について
芸術批評の哲学

ノエル・キャロル 著
森 功次 訳

批評とは、理にかなった仕方で作品を価値づける作業である！　分析美学の泰斗であり映像批評家としても活躍する著者がおくる、最先端の批評の哲学。

四六判上製 296 頁　本体 3500 円
ISBN978-4-326-85193-5

認に深く関係するだろう。というのも教育の場は一番目の愛のような親密な承認ではないし、三番目の社会・経済的な活動の前段階にある。高等教育機関、大学という一つの社会のなかで承認されることは、ソーシャルワークの多様性尊重の原理と通じる。たとえば一般の学生であれば享受できる教育を受ける権利を多様な学生が同等にその権利を全うできない状況にあるとき、その権利を保証すべく配慮をおこなう必要がある。特別なニーズがある場合はそれを満たし、誤解や差別が生じる場合は教職員や学生に向けた周知を徹底することなどは、多様性を尊重した教育ということになるだろう。

重複する多様性

上記のように、アメリカとイギリスのソーシャルワークの教育関係団体の文書にある多様性の定義には、年齢や階級、ジェンダーや障害などさまざまなものが含まれていた。そして人がこうした多様性に向かいあう時、当然のことではあるが、これらを別々に捉えてはならない。たとえば障害がある黒人女性というように、二重三重にマイノリティであることは珍しいことではない。

「四九歳の黒人のレズビアンでフェミニスト、そして母親」と自ら名のる作家のオードリー・ロードは、「いつも自らを他者で逸脱者で劣っている、または単に悪い集団に属している者と同定している」という。また彼女は「西ヨーロッパの歴史観は多くの場合、人間の差異を単純な二項対立に落とし込んできた。たとえば支配者／被支配者、善人／悪人、上流／下流など」（Lorde 1980：114）と指摘する。多様な人々を二元論的な観点で把握しがちであるが、実際には差異は複雑に絡み合い多層的に交錯している。こうした過ちは同じマイノリティと目される当事者同士のなかにも生じる。ロードは白人のフェミニストによる議論に隠された人種差別があるとして「主の道具を使って主の家を解体することは決してできない」（Lorde 1979：112）と痛烈に批判した。

障害学および障害者運動の領域でも、類似するコンフリクトがある。国際生活機能分類（International Classification of Functioning, Disability and Health：ICF）にも少なからず影響を与えた、障害の「社会モデル」という考え方がある。このモデルは、人が自らを障害者と認識せざるをえない原因は、その人のもつ障害ではなく社会のなかにあると考えるものである（Oliver＝2006：Oliver 2004）。ジェニー・モリス（Morris 1991）はフェミニストによる批判を援用し、社会モデルは人々の個人的な感情や経験を政治的な分析の基礎においておらず、それらを逆に孤立・分断化してしまう危険性が高いと批判した（Oliver and Sapey＝2010：51-52）。杉野昭博は、モリスは女性運動と障害者運動に参加しながらも双方で違和感があり、「選択的妊娠中絶や尊厳死の問題を扱うことによって、『女性』であると同時に『障害者』であるという自己の問題意識を『社会モデル』に位置づけようとした」（杉野 2007：126）と指摘している。

こうしたコンフリクトから学ぶべきことは、多様性を尊重するソーシャルワークの実践を目指して、社会的、歴史的に抑圧されてきた人々に関する基本的な知識を身につけることは重要である一方、同時に一般化されたイメージを個人に投影してはならないということであろう。一般化は時に合理的であるが、問題の見落としやさらなる排除にもつながるからだ。モリスの主張にあったように、障害者と一くくりにして論じることには限界がある。ある特定の差別が生み出される社会構造を問題視し働きかけることの意味は大きい一方で、その他の差別やそれを生む構造と切り離すことは問題を生む。「ソーシャルワークは絡み合う差異の複雑さに取り組まなければならない」（Nyak 2013：75）のだ。

いっぽうで多様性を重視する観点は、問題を個人化し非政治化する傾向にあるという指摘もある（Harris and

White 2014：diversity）。一九九〇年代中ごろから反差別・反抑圧のソーシャルワーク実践に代わって、多様性を尊重する実践が求められるようになった。ここでは、差異がどのように生活のあり方の違いや想定、価値や信念を形作っているかが注目される。

たとえば多様性尊重のアプローチをとるソーシャルワーカーは、女性が直面する問題を特定の社会的文化的環境において生み出されるものとしてそれを重視し解決策を考えるだろう。それに対しフェミニスト・ソーシャルワーク実践は、家父長的な文化や組織やシステムの抑圧的な男性支配の状況を明らかにし、異議を唱えるだろう。つまり多様性がキーワードになるとき、社会変革を求めるクリティカルな姿勢ではなく、すべての人のニーズはそれぞれ違っているということを強調してその社会の枠組みのなかで解決の糸口を探す姿勢がとられる傾向にある(4)。こうした見方もあるものの、二〇一四年のソーシャルワークのグローバル定義の第一文で強調されているのは、「社会変革と社会開発、社会的結束、および人々のエンパワメントと解放を促進」であったことを、あらためて確認しておきたい。

第三節　「隠れたカリキュラム」と多様性の尊重

英米の社会福祉教育のなかでの取り組み

アメリカＣＳＷＥの教育方針および認定基準のなかでは、通常のカリキュラムとは別に「隠れたカリキュラム（implicit curriculum）」の項目が設けられていた。この「隠れたカリキュラム（hidden or implicit curriculum）」とは、教育学者のフィリップ・Ｗ・ジャクソンによる造語で（Jackson 1968）、「学校での教育を通して、暗黙のうちに、特定の文化的価値や人種・性・階級などの差別が、生徒に伝達されること」（『現代社会学辞典』）である。日本では「目に見えるカリキュラム／隠れたカリキュラム」のほかに「顕在的カリキュラム／潜在的カリキュラム」などの語が用いられる場合もある。アメリカＣＳＷＥの基準には、隠れたカリキュラムを論じたエリオット・Ｗ・アイスナーの『教育的想像力』（Eisner＝2002）が引用されている。アイスナーによると、場合によっては目に見えるカリキュラムよりも隠れたカリキュラムのほうが重要である場合もあるという。

日本の社会福祉教育では、これまで隠れたカリキュラムに関する議論は高まらなかったが、一般の教育の領域ではこれまでも盛んに議論・実践されてきた。初等中等教育における文部科学省の「人権教育の指導方法等に関する調査研究会議」による報告書では、隠れたカリキュラムを「教育する側が意図する、しないに関わらず、学校生活を営む中で、児童生徒自らが学びとっていく全ての事柄を指すものであり、学校・学級の『隠れたカリキュラム』を構成するのは、それらの場の在り方であり、雰囲気といったもの[5]」と定義されている。

たとえば現在の教育現場に「女子は男子の補助的な役割を担うことが望ましい」「男子を女子より優先させる」などといった価値を学ぶためのカリキュラム、教科書などは存在しない。しかしながら生徒会やクラブの長は男の子、副長はいつも女の子といったような慣例があったり、何か配布するときに先に男子に配布するといった習慣があったりすると、学校で子どもたちは何らかの価値を学び取るだろう[6]。

社会福祉教育において隠れたカリキュラムの存在を念頭に置かねばならないという状況とはどういったものであろうか。たとえば、学生・教職員ともに様々な人種やエスニシティが多い大学に関わらず、所属する大学教員が白人男性ばかりだとすれば、白人男性は他の人種や性別に比べて優位だということを暗に「教育」してしまっているといえる。教職員が障害学生に対し必要な配慮をしない場合、障害者を物理的・制度的に排除しても良いと学生たちは学びとってしまうかもしれない。福祉の教科書に掲載された事例には、社会的弱者とソーシャルワーカーや実習生の関わりが描かれるが、執筆者の意図とは反して「利用者」のステレオタイプが無意識下に学生の心のなかに形成される恐れもある（三島 2005a）。

こうした問題に代案をあげること自体難しい面もある。たとえば日本の出版物に「人種の多様性を尊重」することを意図して様々な人種の笑顔の子どもたちを集めた写真を掲載したとしよう。しかし実際には日常的にいろいろな人種の人が集うことは少なく（地域にもよるが）、この写真を目にする読者には若干の違和感とわざとらしさが残るだろう。

ＣＳＷＥの認定基準では、「専門家としての資質と教育プログラムの修了生のコンピテンスを涵養するうえで、目に見えるカリキュラムと同様に隠れたカリキュラムは重要である。隠れたカリキュラムの重要性を十分に意識する場合、ソーシャルワーク専門家の価値と合致する教育文化が整っていく」としたうえで、多様性の尊重という価値を教育環境のすべての局面に反映させることが望ましいとされている。この教育環境には、授業、実習、セミナー、外部講師、教科書、調査・研究から教員・職員・学生の人員構成などまで広範囲にわたるものが想定されている（CSWE 2008：10-11）。

いっぽうイギリスのＱＡＡによる同様の基準には、隠れたカリキュラムについて言及されていない。とはいうものの、社会福祉教育をおこなう各高等教育機関は関連法に従い、「平等チャレンジ・ユニット（Equality Challenge Unit：ECU）」や「平等人権委員会（Equality and Human Rights Commission：EHRC）」などのガイダンスを参照することが推奨されており、これらは隠れたカリキュラムを重視した教育環境整備に役立っていると考えられる。ＥＣＵは「多様性の恩恵を重んじる包摂する文化を築き、またすべてのスタッフと学生が力をつけ成功することを阻む障壁を取り除き、個人や集団の不利益となる不公平な実践に立ち向かい変化をもたらすべく大学およびカレッジを支援する」（ECU 2014）ことを使命とする団体で、さまざまな情報提供やサービスをおこなっている。具体例をあげると、キャンパスをバリアフリーにするための物理的な環境整備に向けたパンフレット「高等教育機関におけるインクルーシヴな建築デザイン」の出版や、特別な支援を必要とする教職員や学生に関する研修に必要な資料一式（研修講師向けのハンドブック、そのまま研修に利用できるスライド、参加者へ配布物など）の提供（いずれもホームページからダウンロードできる）、さまざまな属性をもった学生の就学や就職活動への支援などがある。

ＥＣＵのホームページには多様性に関わる統計が公開されており、たとえば二〇一三年の統計報告書には、「ジェンダー、エスニシティ、障害、年齢、複合的なアイデンティティ（multiple identity）」の属性ごとに大学に在学する人数やパーセンテージなどのデータを閲覧することができる（Equality Challenges Unit 2013）。こうしたデータは重要だろう。[7]

またイギリスの多くの大学には、平等法を受けて「多様性と平等（Diversity and Equality）」などと名付けられた部署がある。そこでは、さまざまな属性をもつ学生に向けたイベントや教職員向けの多様性に関する研修などが開催されている。たとえば、さまざまな文化の芸術を純粋に楽しむようなものから、多様な背景をもつ学生に焦点をあてた就職活動の指南や出産を含めたキャリアプランを考える女子学生に向けたイベントなど多岐にわたる。

日本における多様性を重視する教育

日本では、多様性という言葉は一般的な用語である一方で、ダイバーシティの意味は限定的である。これに対し、二〇一四年のソーシャルワークのグローバル定義や英米の社会福祉教育などにおいてdiversityが用いられる時には、本章で見てきたように人種や民族のみならず、宗教や年齢、障害者や性別、性的指向などの違いも含まれている。日本でも今後、この広義の多様性尊重という価値観は、ソーシャルワークの実践や教育のなかで重要になってくるだろう。

日本では、多文化ソーシャルワークやカルチュラル・コンピテンスなどのキーワードを介して、狭義の多様性に対する理解の重要性はこれまでも認識されてきた。そこで、人種や文化に重点を置く多文化ソーシャルワークに加えて、たとえば「性的指向ソーシャルワーク」「階級ソーシャルワーク」などとソーシャルワークの種類を増し、カリキュラムに組み込むのは非効率であるように思える。そこで二〇一四年定義にある広義の diversity を社会福祉教育のなかで伝えていくことは合理的な選択といえる。また、日本社会に残る部落差別問題も、この多様性の枠組みのなかで捉えることもできるかも知れない。

本章では、diversity の語源や各種定義や基準における意味を概観し、多様な属性をもつ人々を抑圧する社会構造を批判的に分析できる知識を身につけ、ソーシャルワーカーとして多様性を尊重した配慮をおこなう能力を養う必要性を示した。また多様性は重複することもあること、今後の社会福祉教育では実際のカリキュラムに加えて「隠れたカリキュラム」への配慮も欠かせないことを指摘した。

日本社会が諸外国と比べて相対的に画一的な社会であることから、多様性への感受性を高める社会福祉教育をするにあたっては日本ならではの難しさがあるだろう。こうしたなか、日本のソーシャルワーカーや教育に携わる者がまず着手すべきものとして考えられるのは、①日本における多様性の現実に合わせた利便性のある資料の作成、②見えないカリキュラムを念頭に教育環境を点検することなどだろう。

①に関して、社会福祉教育に多様性尊重の視点をもち込む必要がある。多様性に対する無知は無視を呼び差別に

つながる。加えて多様性に関する情報は多岐に渡り膨大であり変化しつづけるために絶えざる更新が必要である。しかしながら教育者は教育カリキュラムをこなすことで精一杯、ソーシャルワーカーは日々の仕事で忙しいのが現状である。そこで日本の現状に即した、あらゆる多種多様な人々関する簡潔で分かりやすい資料を準備することは不可欠だろう。たとえばアメリカのあるソーシャルワークのテキストには、多種多様な人々としてネイティブ・アメリカンやアフリカン・アメリカンや日系アメリカ人などを解説する頁が設けられている。そこでは、たとえば日系人がいつ頃どのような経緯で入国したのかといった歴史や文化などが記されている（Suppes and Wells 2000）。内容はそれほど詳細なものである必要はなく、基本的な用語やマナーなども含まれていると良いだろう。イギリスの団体ＥＣＵの例にあげたように、そのまま使える教材がネット上で閲覧できるようになっていると、さらに利便性が高まるだろう。

多様性への理解を醸成するためには、教科書やシラバスの作成に創意工夫を重ねるだけでは不十分で、②隠れたカリキュラムの存在も念頭に置いて教育環境を整える必要がある。この概念が焦点を当てるのは、先の例にあげたように些細なことと思えてしまう事柄も含まれる。筆者自身の経験を振り返ると、演習の授業でグループ・ワークでは、リーダーは男子学生が務めることが多く、（軽度）障害学生や留学生がリーダーを務めることはあまりなかった。もちろん意図したわけではなく、学生の自主性を重んじることが良いということもあり、ものの本にもグループワークをファシリテートするときにはリーダーシップのある学生を見つけ出してまとめ役をしてもらうと円滑にアクティビティが進むとある。隠れたカリキュラムの視点をもつということは、こうした「目くじらを立てるほどのものでもない」とも言われそうな日々の実践に切り込むことでもある。だからこそ、この視点の重要性を認識するためにも「構造的・個人的障壁」が生み出される歴史的・社会的理解が求められるだろう。

社会福祉士養成校の少なからぬ大学が障害者差別解消法の成立の前から先駆的に障害学生支援に取り組んできたように、多様性への感受性の醸成においても、他をけん引する存在であることが期待される。

（1）他に武田（2009）や石河（2012）などの文献がある。
（2）視覚障害者らが共有する「ろう文化」に焦点をあてた原順子の考察（原 2011b）などの例外はある。
（3）教育領域などで重ねられてきた議論を参照しやすいことから「隠れたカリキュラム」と訳した。
（4）多様性と似た交差性（intersectionality）という概念がある。ある人間が差別されるとき、複数の差別が交差する場（たとえば民族的少数派であって障害があるなど）にいる可能性があることを認識するべきという立場である。この考え方は反抑圧的（anti-oppressive）ソーシャルワーク実践を支持するものの、抑圧の経験を個人化する傾向にあるとして多様性の尊重するアプローチとは一線を画すとされる（Harris and White 2013）。
（5）人権教育の指導方法等に関する調査研究会議（2008）「人権教育の指導方法等の在り方について［第三次とりまとめ］」（http://www.mext.go.jp/b_menu/shingi/chousa/shotou/024/report/attach/1370713.htm）を参照。
（6）隠れたカリキュラムを通じて社会に既存のジェンダー構造が伝わっていく問題について取り扱ったものとして（Sadker & Sadker 1996）があげられる。日本の教育学の資料としては、苅谷（2005）や田中（2011）が参考になる。
（7）全国的なデータを集約し開示する機関として、他にも高等教育財務評議会（Higher Education Funding Council of England：HEFCE）がある。ＨＥＦＣＥのホームページでは障害学生手当（Disabled Student Allowance）を受給している障害学生の人数やイギリス国内の各大学に在籍する障害学生の割合などが公表されている（HEFCE 2014）。

第五章　リスクと寛容さと「社会的結束（social cohesion）」

第一節　社会的結束とは何か

新しく定義本文に加えられた社会的結束

ソーシャルワークは、社会変革と社会開発、社会的結束、および人々のエンパワメントと解放を促進する、実践に基づいた専門職であり学問である（IASSW & IFSW 2014：2）。

右は二〇一四年グローバル定義本文の冒頭である。本章では、この新定義の第一文に新たに登場し、幾重かのキーワードとなる「社会的結束[1]（social cohesion）」について考察したい。

ここで社会的結束とは、社会を束ねていくための一つの社会構想とひとまず考えたい。というのも新定義とその注釈には、社会的結束についての定義や解説が含まれていないからである。「中核になる任務」とされた「社会変革」「社会開発」「社会的結束」「エンパワメント」のうち、社会変革と社会開発については、注釈部分にそれぞれ一段落分の解説がなされているにもかかわらず。エンパワメントに関する説明もなされていないが、日本の福祉領域では社会的結束の概念はエンパワメントのように普及しているとは言えないので、唐突な印象をもつ関係者も多かったのではないだろうか。

実は、日本社会福祉士会は新定義の策定過程において、social cohesion という語の使用を避けるよう主張していた。「ある種、組織や国家に強制的従順を求められるイメージに多少なりともつながることへの懸念から、代わりに social inclusion とすることを提案します」と（日本社会福祉士会・国際委員会 2013：2）。また片岡信之も「秩序や安定、社会の一体性を強調する方向に偏り、多様性を圧殺したり、社会的コントロールを促進してしまったりする危険性」（片岡 2015：149）があると指摘している。しかしこれらの懸念をよそに定義本文に組み込まれた。仮に、この概念が社会統制を多少でも伴うものであるとすると、たとえばソーシャルワークの重視する知や他の価値、原理、原則に反しないのだろうか。また論争をはらむこの語があえてソーシャルワークの任務の一つに加えられた背景は何か。そして日本という地で、この語をどのように理解すると適当なのだろうか。こうした疑問が募ってくる。

本章では、まず社会的結束の定義と、それが他国や国際機関で注目を集めるようになった経緯を概観する。次に比較的早い時期からこの概念を政策課題にあげてきたイギリスの事例を検証する。そして、この語がソーシャルワーク領域で利用されるようになり、二〇一四年新定義の中核となる任務の一つに新たに加えられた背景を明らかにする。その上で、社会統制につながる可能性を指摘する議論について触れ、社会的結束は新定義における他の価値や概念と矛盾しないか考察する。そして日本にいる個々のソーシャルワーカーが、それぞれの場でどのように社会的結束という語に向かい合うべきか考える一助になればと考える。

社会的結束の定義とその背景

社会的結束という概念は、定義が乱立し見解の一致が難しいと言われている（ＯＥＣＤ開発センター＝2013：61；片岡 2015：149）。逆に意図的に定義が提示されないこともあった（Jenson 2010：5）。こうした混乱は、この語が一九九〇年代からひんぱんに政治や経済の場で用いられるようになった言葉であることが理由の一つとしてあるのだろう。

一九九二年、欧州連合（The European Union：EU）はヨーロッパの経済的・社会的結束を主要な政策目標と宣言し（Jenson 2010：4）、経済協力開発機構（Organization for Economic Co-operation and Development：OECD）は一九九六年にこの語を初めて用いた（OECD 1997）。またカナダの連邦政府がこの語に着目し始めたのは一九九〇年代後半であった[2]（Jenson 2010：11, 坪田 2012：45）。二〇〇〇年にリスボンで開催された欧州理事会（European Council：EC）では、長期的な経済・社会改革戦略である「リスボン戦略（Lisbon Strategy）」が打ち出され、「世界でもっとも競争力のある、ダイナミックな知識基盤型経済圏」になるため、「アクティブ・シティズンシップ（active citizenship）、平等な機会と社会的結束の支援」が目標の一つに掲げられた（中山 2010：121）。ソーシャルワーク領域でこの語が用いられるようになるのは、もう少し待たなければならない。

では、社会的結束の定義を見ていこう。カナダの連邦政策研究所社会的結束分科会（Government of Canada's Policy Research Sub-Committee on Social Cohesion）の社会的結束の定義は、「価値を共有し、共通する課題をもち、機

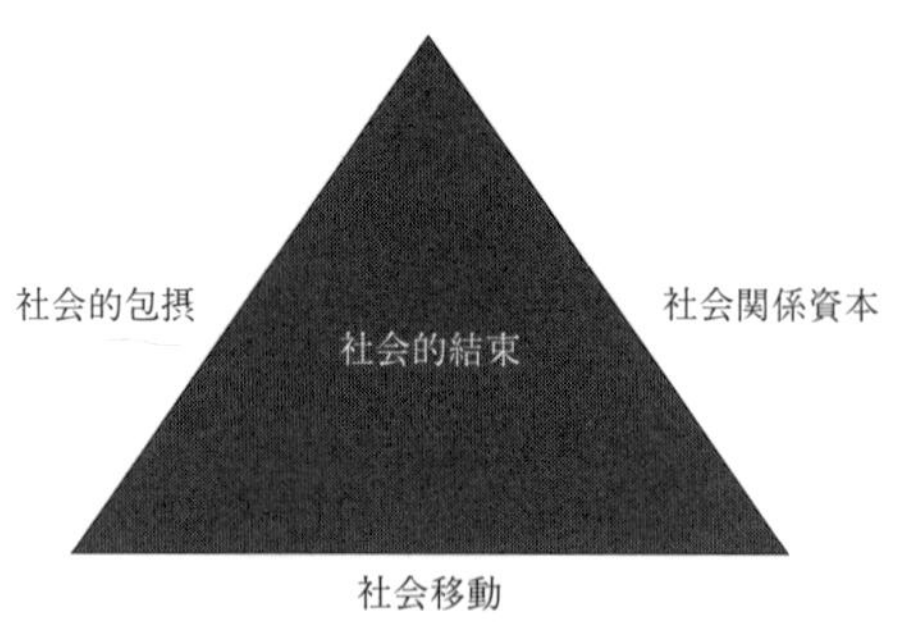

図 5-1　社会的結束の構成要素（OECD 2011）

会平等のコミュニティを発展させる、カナダ国内における進行中のプロセスを指す。これはカナダ人同士の信頼と希望と互恵（reciprocity）に基づくものである」（PRSub-C 1997：2）。またOECDの報告書「グローバルな開発の展望——転換する世界における社会的結束」にある定義は、以下のようなものである。

結束した社会では、すべての人々のウェルビーイングが目指され、排除や周縁化と闘い、帰属意識が高められ、信頼が醸成され、全ての人々に上層への社会移動の機会が与えられる。本報告書では社会的結束を三つの重要な面から捉える。すなわち、社会的包摂（social inclusion）、社会関係資本[3]（social capital）、社会移動[4]（social mobility）である[5]（OECD 2011a：1）。

二〇一四年のOECDの統計集では、社会的結束に属する指標として、主観的ウェルビーイング（subjective well-being）、社会的孤立（social isolation）、所属集団（group membership）、一〇代の出産、麻薬の使用および関連する死亡、自殺が取り上げられている（OECD 2014）。一方、ジェーン・ジェンソンは公的文書の分析から、所属（belonging）、包摂（inclusion）、参加（participation）、承認（recognition）、正当性（legitimacy）という社会的結束に関する五つの要素を析出した（Jenson 1998：15-17；坪田 2012：45-46）。

逆に、社会的結束が希薄な状態のコミュニティや社会、国がどういったものかといえば、貧困など社会的排除が問題となり、社会移動（たとえば、学歴や出自に関係なく社会的に成功すること）が困難で、人々の間に不信感が高まり、人と人との繋がりが疎くなり帰属するグループもなく孤立する人が増え、社会不安が広がっているような状態だ。

社会的結束が重視される社会的背景

では二〇世紀末に社会的結束という語が注目を集めるようになった背景に何があったのだろうか。ＯＥＣＤが加盟国各国に対して社会的結束への責任を引き受けるべきと提唱したのは、高い失業率、収入の格差の増大、社会的排除などの問題が浮上したことを受けてであった（OECD 1997 : 7）。ジェンソンも同様に、グローバリゼーションによる国際競争がし烈になり、社会・経済的な変動が大きかったことに要因があると述べている。ベルリンの壁の崩壊を経て全世界が新自由主義へとシフトするなかで、社会的にも政治的にも構造的な緊張が高まっていった。こうした社会変動によって噴出した社会問題を解決するために社会的結束が注目されたという（Jenson 1998 : 5-8）。つまり社会的結束は冷戦後の社会変動に伴う諸問題の解決策として浮上してきたといえる。ほかに、社会的結束への関心は移民や難民、亡命者の割合が多い社会で高まるという指摘や（Cheong et. al. 2007 : 25）、ポストモダンの時代と重ねられることがある（Powell 2001 : 95）。

このように社会的結束という言葉が注目されるようになったのは一九九〇年代からであったが、思想的な系譜は一九世紀までたどることができるものとされる。上記の報告書や文献のなかでしばしば引用されるのが、エミール・デュルケムが『社会分業論』（1893）のなかで言及した「連帯（solidarité/solidarity）」である。ジェンソンは社会的結束に関わる主な社会科学者として、デュルケムのほかアレクシ・ド・トクヴィルやタルコット・パーソンズをあげている（Jenson 1998 : 9）。またユルゲン・ハーバマスやピエール・ブルデュー、マックス・ウェーバーの名が連ねられることもあった（Norton and Arjan de Haan 2013 : 5-9）。このように「社会的な」結びつき、社会的結束の概念は長い議論の積み重ねと接続して論じられることが多い。

第二節　多様性の尊重と社会的結束のバランス

イギリスの「コミュニティの結束」

二〇一四年定義の第二文は、「社会正義、人権、集団的責任、および多様性尊重の諸原理は、ソーシャルワークの中核をなす」（IASSW & IFSW 2014 : 2）である。この諸原理のうち「多様性尊重」は、ある意味、社会的結束と表裏をなすものといえる。なぜなら、社会やコミュニティにおける多様性（たとえば、同じ地域に異なる人種、異なる宗教を信じる人々が暮らすこと）はコンフリクトや緊迫状態をもたらしうるからである（Johns & Jordan 2006 : 1275 : Jenson 2010 : 7）。社会的結束と多様性尊重との関連性について考察するために、本節では戦後、イギリスが「結束」を重視するに至った経緯を事例に取り上げたい。

比較的早い時期からこの概念がイギリスの政策課題に掲げられたのは、イギリスが多くの植民地を抱え移民を受け入れてきた歴史があることと深い関係がある。戦後間もない一九四八年に成立した国籍法は、コモンウェルス（Common Wealth : イギリスとその元植民地であった独立国から構成される国際連合）市民に居住および労働の権利を与える寛大なもので、一九五〇年代のイギリスの経済成長期には西インド諸島を中心とする地域からの移民が数多く移り住んだ。一九五〇年代後半、ノッティンガムやロンドン・ノッティングヒル地区で人種暴動が起こり、移民を制限する一九六二年と一九六八年の英国連邦移民法や一九七一年移民法成立の呼び水になった。これらの法律では主に非白人が大半を占める新英国連邦諸国（西インド諸島、インド、パキスタン）市民がイギリスへの自由なアクセスから排除された。

一方で注目すべきは、これらの移民を制限する法律の成立に前後して立法化された人種関連法だ。一九六五年、一九六八年、一九七六年に労働党政権下で可決された人種関係法は、肌の色、人種、あるいはエスニシティなどに由来する差別を禁じるものであった。一九八一年国籍法に象徴されるように、一九七九‐九七年の保守党政権時代は、移民と難民のさらなる制限と不法移民に対する罰則強化のための法律を成立させていった時代であったにもかかわらず、政府は移民を制限すると同時に、同化主義的で文化的な施策を進行したのであった（佐久間 2007：安達 2009）。

こうしたなか、二〇〇一年に白人のレイシストの挑発をきっかけにアジア系の若者による騒乱が北イングランド（オールダム、ブラッドフォード、バーンリー）で起こった。その後、編まれた報告書が「コミュニティの結束（Community Cohesion: A Report of the Independent Review Team, 通称・カントル報告）」である。同報告書があげた暴動や人種にまつわる問題の原因の一つは「平行生活（parallel lives）」（Cantle 2001：9）であった。これは、お互いのコミュニティを良く知らず双方が相手に対して恐怖心を抱いていることが、非寛容、差別、暴力を生み出すというサイクルが存在する状態を指す（安達 2008：89）。「多文化主義（multiculturalism）による多様性の無制限な称揚が差異の過剰を招き、それがコミュニティ間の偏見や対立の原因となり、結果として社会の結束と平等とを掘り崩してしまう」逆機能がみられ、暴動や対立といった結果を招くという（安達 2011：137）。二〇一一年には、キャメロン元首相が「イギリスでの多文化主義は失敗した」と述べている。ジョック・ヤングが『排除型社会』において後期近代社会を、人々を貪欲に包摂し、同時に排除する「過食症（bulimia）」社会と特徴づけたことが想起される（Young＝2007：220）。

ここで無知や恐怖を打ち消すものとして必要とされたのが、異なるコミュニティ間の結束（community cohesion）であった。平行生活が生む負のサイクルを克服するためには、それぞれの差異への理解を深めつつも、それを超えた集団間・個人間の結束を生むべく「『国民性』の共通の要素」への同意が必要とされたのである。共通の要素とは、たとえば英語の習得や法律などで（Cantle 2001：19）、人種や文化の枠を超えて価値や目標を共有し、イギリスという国に所属している感覚を養うことが肝要であるとされた（Home Office 2004：11-12）。こうした社会ビジョンは「統一のなかの多様性（diversity within unity）」と称される。たとえば新労働党は、「ブリティッシュネス（Britishness）」という語を提示し、社会的結束の要にしようとした。ブリティッシュネスは「法、選挙による議会と民主的な政治構造、相互寛容、伝統的価値、平等な権利の尊重、そして国家への忠誠」（Home Office 2005：15; 安達 2011：137-138）などと定義されている。結束と多様性のどちらに重点を置くかは難しい問題であるが、今や二者択一を迫るものではない。

他方、イギリスでは二〇〇〇年にテロ法が成立している。その後、二〇〇一年のアメリカでの九・一一や二〇〇五年のロンドン同時爆破事件などを経て、各種テロ対策法が拡充されていった。新労働党の掲げた「イギリス本国及び海外権益に対するテロリズムの脅威に対抗するための三か年総合戦略（CONTEST）」（二〇〇三年）の柱は、「防止（prevention）」「追跡（pursuit）」「防護（protection）」「準備（preparation）」の四つのPから成る（岡久 2006：82-83）。このうち「防止」にあたるアプローチの一つは、ムスリムのコミュニティに過激派が生まれる背景に彼らが受けるセグリゲーションや差別があるという仮定のもと、自由・民主・公正・責任を強調する価値を共有することを通じて、移民であってもイギリス人のアイデンティティをもてるように働きかけるものである（Guru 2010：273）。こうした地域（社会的）結束の取り組みは、教育・労働市場・保健・刑事司法など各方面で試みられている。

結束という言葉は、特に二〇〇五年のテロ実行犯がイギリス生まれのムスリムであったこと（いわゆる「ホームグロウンテロリズム」）から注目されるようになったといいわれている[6]。つまり、イギリスで結束に注目が集まるきっかけは、暴動やテロといった危険（リスク）であった。社会的結束は、ある意味、多様性の尊重を担保にして社会の安全を守るための方策として掲げられるものといえる。

ソーシャルワーク領域に導入される「結束」

それでは、社会的結束の概念はどのような経緯でソーシャルワークの領域で議論されるようになったのだろうか。まずは、国際ソーシャルワーカー連盟ヨーロッパ（International Federation of Social Workers Europe：IFSWE）のプロジェクト「社会的結束を促進するソーシャルワーク」のパンフレットにおいて社会的結束がどのように描かれているかを検証することから始めたい。

ＩＦＳＷはアフリカ、アジア太平洋、ヨーロッパ、南アメリカ、北アメリカの五つの地域の支部から構成される。ＩＦＳＷの前身は一九二八年にパリで開かれた国際会議で設立された「国際ソーシャルワーカー協会（International Association of Social Workers）」であり、西洋圏の団体の存在感は大きい。新定義に社会的結束の語が含まれるに至った背景には、ヨーロッパにおける議論が大きな影響を与えたと考えられる。

ＩＦＳＷＥのプロジェクト「社会的結束を促進するソーシャルワーク」のパンフレットでは、「ヨーロッパすべての国で社会的結束は脅かされている」といった認識のもと、社会的結束は福祉サービスの観念を超え、社会的統合を促進するものとされる。社会的結束は、「与える―受け取る」といった発想から、互恵主義や参加という原理に転換することであり、ある意味、相互依存の環境によって促進されるという（IFSWE 2005-2006：2)。同パンフレットでは、ソーシャルワーカーは社会的結束を促進するため、「コミュニティ全体のためにサービスを提供し、ポジティブな存在になる」ことや、「権利に基づくアプローチによって、個人とコミュニティのエンパワメントと保護をおこなう」。また「傷つきやすい（vulnerable）グループと共に働き」、「政策とサービスを発展させるために、専門分野の経験と知識を生かす」役割もあるという（IFSWE 2005-2006：1)。

二〇〇〇年代の中頃に、こうした表明をおこなったＩＦＳＷＥであるが、それまでにＥＵや欧州評議会などヨーロッパの国際機関で社会的結束が注目されたことに影響を受けていたという（IFSWE 2006：7)。二〇〇五年三月にＩＦＳＷ等が主催したソーシャルワーク大会[7]のテーマも「社会的結束に向けたソーシャルワーカーの挑戦」であった。ここでもグローバリゼーションやそれに付随する人々の移動（経済的・政治的難民や移民など）により社会的結束が危機に瀕しており、それにより様々なレベルで貧困や失業といった社会的排除が進んでいるという認識がなされている（IFSW, EASSW and CyASW 2005：5)。

加えて「ソーシャルワークと社会開発のグローバル・アジェンダ」（二〇一二年）にも社会的結束への言及がある。「持続可能な人間関係を通じた福祉の促進における私達の役割」の節では、ソーシャルワーカーはコミュニティをターゲットとして以下を実践するとされる。

私達は、すべての人々が参加でき居場所が持てるような、力強く包摂的なコミュニティを促進するために、他者と協力して取り組む。私達は、高齢者や、障がい・精神保健ニーズ・学習困難のある人々も含めたあらゆる人々の経済的及び社会的な福祉の実現手段として、「社会的統合と結束」を目指した政策を促進する（IFSW, IASSW and ICSW 2012：5-6）。

同アジェンダにおいて「持続可能」というキーワードと親和性が高いのは、環境問題に加えて、社会開発、社会関係資本、参加、（肯定的な意味の）相互依存（interdependency）などといった語だ。これらは「福祉国家の曲がり角」以降、ネオリベラルの流れが色濃い世界で交わされた言語といえる。ヤングはこうした動きに対し、社会的結束を促進しようとした新労働党は、排除の問題の原因を市場とコミュニティのレベルの問題とし、家族やコミュニティ再建を目指すもので、保守的な新自由主義と奇妙なまでに近似していると述べている（Young＝2008：201-203）。またファーガソンも同様に、ニューレイバーがコミュニティの衰退を憂い、それを強化するための「処方箋」は「共同体主義的（communitarian）な哲学の右翼版」と批判的である（Ferguson＝2012：79-83）。同時にそこは、新しい社会運動以降の、それまで福祉サービスの「クライエント」とされてきた人々のパワーや知を尊重する思想が存在するフェーズでもある。

第三節　リスクとソーシャルワーク

テロとの戦いと結束

イギリスの事例では、上述のように、「テロとの戦い」の一環として「コミュニティの結束」が強調されることがあった（Guru 2012：1153）。では、ソーシャルワーカーたちはこれに対しどのようなスタンスに立ってきたか。

基本的にソーシャルワーカーたちは、テロ問題への関連について無関心を装うことが多かったという（Guru 2010：277）。理由は様々であろうが、その一つは、人々の私的な領域に踏み込み、強制的に権力を発動すること自体が、現在のソーシャルワーカーのあり方に反することにあるのだろう。新定義の策定段階において、日本社会福祉士会がグローバル定義の策定過程で social cohesion の語を盛り込むことに懸念を示したのも、このあたりの批判をくみ取ったのではないだろうか。(8)

とはいえ、テロへの関心が皆無ではなかったことも事実である。たとえばソーシャルワーク研究者が、ソーシャルワーカーは今後、反テロの取り組みに関わるよう求められると示唆したこともある（Pierson 2008）。また二〇〇五年のロンドン同時爆破事件後などは、ネット上(9)でソーシャルワーカーも「テロとの戦い」に与するべきという書き込みされたという（Guru 2010：277-278）。

テロのみを意識したものではないものの、グローバル・アジェンダには「紛争」に係わる項目がある。「人間の尊厳や価値の確保における私たちの役割」の「国連及び他の国際機関」向けの項目に以下の記述がある。

私達は、結束力のある社会（cohesive societies）を構築し紛争の種を取り除く社会戦略を促進する。私達は、紛争（conflict）の平和的防止及び解決や、暴力及びその影響を縮小できる国際協定の遵守への新たなコミットメントを求める。私達はパートナーとともに、自らの権利を守る人々の行動に対する暴力的な国の対応に立ち向かう（IFSW, IASSW and ICSW 2012：4）。

また「コミュニティ及び他のパートナー」を対象にする箇所でも、ソーシャルワーカーは「国々及び国内の暴力的な紛争（violent conflict）の防止に携わるコミュニティや組織を支援する」と明記されている（IFSW, IASSW and ICSW 2012 : 4）。

アジェンダが策定される前のＩＦＳＷＥの社会的結束プロジェクトでも、「不安感および寛容さ／連帯意識の欠如（feelings of insecurity and lack of tolerance/solidarity）」（IFSWE 2006 : 18）への対策として社会的結束が位置づけられていたことも見落とせない。

近年、ヨーロッパ各地でテロ事件が起こっている。二〇一五年一月のシャルリー・エブド襲撃事件（死者一二人）や同年一一月のパリ同時多発テロ事件（死者一三〇名、負傷者三〇〇名以上）なども記憶に新しい。地域によっては、ソーシャルワーカーはテロなどの社会のリスクを意識せざるを得ない状況にある。ソーシャルワークの国際的な組織であるＩＦＳＷＥやＩＦＳＷのホームページには、フランス・パリでのテロに対し「人権の専門家」としてテロリストを非難する声明もある(10)。

アンソニー・ギデンズは、福祉国家は本質的にリスク管理の制度であると言い（Giddens 1999）、エスピン－アンデルセンも社会政策の最大の目標は「人々を社会的なリスクから守ること」と述べている（Esping-Andersen＝2000 : 62）。福祉国家を夜警国家と対峙させたり、前者は後者が発展したものと目されたりするが、いずれの場合にあっても、自由主義的な夜警国家のもつ機能――外敵からの防御、国内の治安維持など――は福祉国家でも引き継がれるものとされる。社会構成員の安全を守るために何らかの（暴力以外の）行動や介入を起こすことは、福祉国家の歴史からみて何ら突飛なことではない。

しかし、とりわけソーシャルワーカーが医学モデルを脱してからは、リスクに対してどのような姿勢で臨むかは難しい問題となった。今では利用者との関係は対等で彼らの属性も知も尊重されるべきものとなったが、そこにリスクがあり介入の必要性があるかぎり、それらは反故となる。アン・ハートマンは「専門職であることは政治的なこと」という文のなかで、「反社会的と定義される行為」がある場合、自己決定の原理を手放し社会統制の一端を担うことになるが、ソーシャルワーカーは「阻止、もしくは防止するように介入」しなければならないと論じている（Hartman 1993 : 504）。このとき彼女が想定した反社会的な行為とは、子どもや高齢者に対する虐待というリスクであったが、テロや暴動もまさしく反社会的な行為といえる。とはいえ、前述の通り「テロや暴動を撲滅するためにソーシャルワーカーとして社会的結束を推進します」とは声高らかに言えない雰囲気ではある。

リスク回避のための介入に関して、ソーシャルワークのグローバル定義の注釈部分には以下のような言及がある。

> ソーシャルワーク専門職は、それがいかなる特定の集団の周縁化・排除・抑圧にも利用されない限りにおいて、社会的安定の維持にも等しく関与する（IASSW & IFSW 2014 : 3）。

安全を守るための介入であるとしても、それが誰かを排除したり抑圧したりするものであるとすれば、介入するべきではないというスタンスである。

そこでスリンダー・グルの立ち位置は示唆に富むだろう。彼女はソーシャルワーカーとして、「テロとの戦い」の犠牲者への支援が重要であると主張する。イギリスでテロ法（二〇〇〇年）が制定されて以来、イスラム系の移民のなかには警察にたびたび職務質問を受けたり、拘束されるなどし、うつや精神病に罹ったり家族が機能不全に陥ったりするようになった。そこでソーシャルワーカーには、彼らへの支援が求められるという（Guru 2010 :

278）。また移民が福祉サービスを受けにくくなっている問題、メディアが異人種・異宗教の人々への猜疑心を煽るなか、ソーシャルワーカーもその影響を受けてしまうという問題などもある。グルは、こうした問題に対し、ラディカル・ソーシャルワークと地域をベースにしたアプローチで対応すべきと主張した。とはいえ、ソーシャルワーク領域の外から過激派の芽を摘む役割を期待する声があり、またこうした観点から実践するソーシャルワーカーもいることは事実である。

ジレンマ――介入か、「知」もしくは多様性の重視か

ここで、はじめにあげた疑問が浮かんでくる。社会的結束の概念にデフォルトで強権的な介入や社会統制につながる回路が組み込まれているとすれば、それは新定義でソーシャルワーカーが依拠する「知」や多様性の尊重という原理と矛盾するのではないのか、という疑問である。

第一章で検証したように二〇一四年定義では、ソーシャルワークは「広範な科学的諸理論および研究を利用する」とし、科学的諸理論の例として「コミュニティ開発・全人的教育学・行政学・人類学・生態学・経済学・教育学・運営管理学・看護学・精神医学・心理学・保健学・社会学など、他の人間諸科学の理論」があげられている。ここまでは従来の通りだが、以下は決定的に異なっている。

ここでは、「科学」を「知」というそのもっとも基本的な意味で理解したい（IASSW & IFSW 2014：4）。

この「知」には、「世界各地に根ざし、人々が集団レベルで長期間受け継いできた知を指」（IASSW & IFSW

2014：2）す在来知（地域・民族固有の知、第一章参照）が実践の基盤となることが明示された。つまり学術的で専門的な知と、たとえば古くからの習わしや言い伝え、「おばあちゃんの知恵」などといった在来知とが並置されている。今やソーシャルワーク理論は「サービス利用者との双方向性のある対話的過程を通して共同で作り上げられ」るものだ。

ところが、リスクと直面し、在来知や多様性を無視しなければならない事態になった時、利用者とソーシャルワーカーの関係に権力の不均衡が生じることになる。二〇一四年新定義には、こうした場面を想定した個所がある。「危害を加えないこと」と「多様性の尊重」は、状況によっては、対立し、競合する価値観となることがある。たとえば、女性や同性愛者などのマイノリティの権利（生存権さえも）が文化の名において侵害される場合などである（IASSW & IFSW 2014：3-4）。

リスク管理のための介入あるいは専門家としての知が、周縁の知や多様性の尊重を凌駕する事態において、「基本的人権アプローチに基づくべき」とされる（IASSW & IFSW 2014：4）。多様性の尊重と社会的結束を同時に推し進めるイギリスにおいて、そもそも結束という語に光が当たるきっかけはテロというリスクであったことを上に述べた。しかしグローバル定義において社会的結束とリスク管理のつながりは不明瞭である。とはいうものの、周辺の知や多様性の尊重と同時に社会的結束を重視するという状況は同じである。それぞれの現場において、このジレンマに対し適正に判断することの難しさは残るだろう。

日本社会と社会的結束

本章では、新定義に新しく加えられた社会的結束という語について、一九九〇年代以降に各国や国際機関で注目を集めるようになった経緯を概観し、イギリスの事例を取り上げた。ソーシャルワーク領域の社会的結束に関する議論では、社会的包摂の促進、持続可能な福祉の推進と共にこの概念が強調されていることを指摘した。そして、社会的結束が社会統制につながり、ソーシャルワークと安全／リスクの古くて新しいアンビバレンスな関係を再現する可能性がある点を論じた。

では日本に社会的結束は存在するのか。一般的な日本（人）論のなかでは、日本は西洋の国々と比べて集団主義的である、イエ制度を重んじるなどと論じられ、社会的結束は固いのではという類推も可能だろう。しかし現実はその逆である。上にあげたＯＥＣＤ統計集にある社会的結束に関する指標で、日本は、とりわけ社会的孤立や自殺に関して一、二を争うほど悪い数値が出ており、社会的結束が比較的弱いと結論付けられたこともある（OECD 2005）。まずは、こうした現状を認識する必要があるだろう。とはいえ、「アジアの国々では、個人の自律性が優先される西洋と異なり、社会的結束と家庭の安定が明白に重要視される」といった、一部のアジアの社会にとって既に神話に過ぎない物言いは、国際的な会議の場でも交わされているのは事実である。

そもそも一九九〇年代からの社会的結束に関する議論は、リスクと同時に多様性の尊重とともにあった。これは「日本は集団主義的である」と形容する時、その集団がすべて日本人であることが前提であったような世界とは違っている。ソーシャルワークのグローバル定義では在来知や各国・各地域における独自の展開（次章参照）が重視されていることからも、日本社会に合う社会的結束について考察する必要があるが、同時にグローバル化、情報化などが進展した社会になったことも念頭に置かねばならない。

レスリー・マーゴリンはソーシャルワーカー養成校で教えられる理論と実践との乖離が、現場にいるワーカーを疲弊させバーンアウトさせると指摘した（Margolin＝2003）。上記のような社会的結束と知が対峙し、安全の維持のためのソーシャルワーカーによる介入がソーシャルワークの諸原理をいったん宙吊りにする可能性があることは、マーゴリンの危惧した事態を招くだろう。社会福祉教育では、介入と多様性／周辺の知の尊重の境目を、あらためて丁寧に教えられるべきなのだろう。

岩間伸之は、第二一回アジア太平洋ソーシャルワーク会議において「ソーシャルワークの定義を改定するプロセス自体がソーシャルワークの発展に寄与すると期待したい[11]」と述べた。本章で検討してきた社会的結束も、ソーシャルワークの今を見つめるうえで必要な事柄の一つであり、ソーシャルワーカー、現場それぞれで検討される課題であるといえる。

（1）「社会的なつながり」や「社会的凝集性」、「社会（的）統合」、「社会的一体性」などと訳されることもある。
（2）一方で一九八〇年代末には各国で注目されるようになったという見方もある（ＯＥＣＤ開発センター＝2013：61）。
（3）社会関係資本は、さまざまな種類のアクター（個人、集団、組織）がほかのアクターとの結合、社会的関係への制御、コミットメントを通して得る諸資源、諸利益の価値の総体（『現代社会学事典』）。
（4）社会移動は、ある社会的地位から別の社会的地位へ人々が移動すること。どんな社会・経済的な素性をもつ人であっても、所属する社会のなかで社会的地位を変えることができる、またその可能性を信じることができることが重要とされる（OECD 2013：6）。
（5）訳は、ＯＥＣＤ開発センター編著（＝2013：21）を参考に筆者がそれを一部変更したものである。
（6）とはいえ、二〇〇五年の暴動を機に突如、イギリスで社会的結束という語がもち出されたわけではない「自由社会における富の創造と社会的結束に関する報告書」（Dahrendorf 1995）やラウントリー財団（Rowntree Foundation）の「収入と富に関する調査報告書（Inquiry into Income and Wealth）」（Hills 1995）などで、主に新自由主義的な気運のなか拡大していった貧困などの社会問題の解決の手段として、この語は利用されていた。

（7）ＩＦＳＷとキプロス・ソーシャルワーカー協会（Cyprus Association of Social Workers：CyASW）、欧州ソーシャルワーク教育学校連盟（European Association of Schools of Social Work：EASSW）との共同開催であった。

（8）片岡は社会的結束が社会統制につながる可能性を指摘したが、このとき片岡が引用したのはジェンソン（Jenson 2010：8）で、ジェンソンは同頁でイギリスの事例をあげていた。

（9）"Community Care: Social Work News & Social Care Jobs"というイギリスの社会福祉専門職向けの知名度のあるサイト（http://www.communitycare.co.uk/）上での書き込み。

（10）他に経済危機や環境問題、炭鉱事故、火災などに関しても声明を出している。

（11）同会議の会議録（APASWE, ACWelS and Japan College of Social Work 2012：21）より岩間の発言を引用。

第六章　ソーシャルワークの「現地化（indigenization）」再考
――ソーシャルワークのグローバル定義にある重層モデル

第一節　社会・政治・文化に合わせたソーシャルワーク

日本独自のソーシャルワークとは

本章では、「ソーシャルワークのグローバル定義」本文の末尾に付けられた、以下の一文について考察する。

この定義は、各国および世界の各地域で展開してもよい（IASSW & IFSW 2014 : 2）。

日本語の公式訳には、この一文に次のような注が付けられている。

今回、各国および世界の各地域（IFSW/IASSW は、世界をアジア太平洋、アフリカ、北アメリカ、南アメリカ、ヨーロッパという五つの地域＝リージョンに分けている）は、このグローバル定義を基に、それに反しない範囲で、それぞれの置かれた社会的・政治的・文化的状況に応じた独自の定義を作ることができることとなった。これによって、ソーシャルワークの定義は、グローバル（世界）・リージョナル（地域）・ナショナル（国）という三つのレベルをもつ重層的なものとなる（IASSW & IFSW 2014 : 2）。

このように二〇一四年定義は、さまざまな社会的・政治的・文化的状況に応じた独自の定義を作ることができる「重層モデル」がとられ、「現地化[1]（indigenization）」が前提になった。こうしたことは初めての試みだ。

とはいえ、欧米のソーシャルワークの知やスキルを吸収しはじめた二〇世紀初頭から、日本での実践に役立つソーシャルワークの理論や方法は何かという問いは常になされてきた。

最近でも結城俊哉の『ケアのフォークロア――対人援助の基本原則と展開方法を考える』（2013）や空閑浩人『ソーシャルワークにおける「生活場モデル」の構築――日本人の生活・文化に根ざした社会福祉援助[2]』（2014）などの研究がある。とはいえ、本格的な議論は高まっていないとの認識（平塚 2015 : 169）をもつ者も多い。英語圏の現地化に関する議論で扱われるのは、アフリカやラテンアメリカやアジア（中国語圏が中心）で、日本が言及されることはごく僅かだ。

本章では、二〇一四年ソーシャルワークのグローバル定義以降の日本のソーシャルワークのあり方を問うべく、現地化の定義や日本内外の現地化に関する議論を概観し、今後の日本の実践や研究で現地化という考えをどのように活かしたらいいか検証する。

現地化とは

現地化とは、移入・輸入された観念を現地の状況に合うように変えることである（Payne 1997：12：Hare 2004：10）。福祉以外の領域において indigenization は「土着化」「地域化」などと訳されることも多く、教育・宗教・語学などでも関心を持たれているようだ。たとえば言語学において「インドなまりの英語」は、「亜流」であり、「本物」「本場」の英語とは異なっているために劣ったものとみなされ、矯正の対象にされるなどしてきた。しかしながら、この視点に立つと、インドの文化に合うように「改良」された英語ととらえることができ、発想の転換が可能となる。

いっぽう、日本語の「現地化」は localize の訳語としても定着している。これは、ビジネスなどでよく用いられる語で、企業が海外展開するような場合、現地の言語・法令・慣習に合うように企業運営したり、商品やサービスを修正・改訂したりすることを指す。日本のマクドナルドのメニューに他国にはない「月見バーガー」があったり、タイでは伝統的な挨拶「ワイ」（合掌してお辞儀するもので、丁寧で敬意を表す挨拶）をするマスコット・キャラクターが店先に置かれていたりするのもローカライズの一例だろう。なお英語圏のソーシャルワークの論文では、localize が indigenization とほぼ同じ意味で使われることがある。

『世界の先住民ソーシャルワーク』（Gray, Coates and Yellow Bird eds. 2008）に付けられた用語集では、現地化は以下のように説明されている。

①　先住民族（indigenous people）の生活を脱植民地化し伝統的な先住民族の価値に基づいて真の自己決定を

再び手に入れること。

② 西洋的なソーシャルワークの理論や方法を現地の文脈に適合させること（Yellow Bird 2008：286–287）。

本章で焦点を当てるのは、主に後者の②である。

現地化という言葉は、新定義のなかに含まれていない。とはいえ「この定義は、各国および世界の各地域で展開してもよい」（IASSW & IFSW 2014：2）という不思議な定義末尾は、現地の文化や慣習、社会制度、経済に合わせること、つまり現地化を認めるものである。

現地化の動きは、ソーシャルワークが国際的に展開するようになってから始まったとされる（Gray 2005：235）。萌芽的なものは一九五〇年代から一九六〇年代に見られ、特にラテンアメリカで一九六〇年代にこの議論が高まったという。この背景には強い反米意識があり、ソーシャルワークのモデルをそのまま借用することを拒む一因となったといわれている（Healy 2001：37-38）。一九七二年にハーグで開かれたＩＡＳＳＷの会議では、次のように「現地化の時代」が明言された[3]。

我々は「現地化の時代」を迎えた。これは、それぞれの社会のニーズ・資源・文化・政治・経済的状況に基づく当地流の（indigenous）発展のことであり、ソーシャルワーク教育をおこなう学校は率先して、この新しい展開を切り開いていくべきだ（Healy 2001：35）。

社会工作的本土化あるいは indigenization

二〇一四年定義で在来知は、「ソーシャルワークの理論、社会科学、人文学」とともにソーシャルワークの「学問（academic discipline）」の基盤とされた（第一章参照）。この大きな知の変化とともに、強調される現地化はポストモダン的であると形容されたりもする（Gray 2005：232；Gray & Fook 2004：633）。グローバリゼーションやインターネットの普及などによりソーシャルワークのコミュニティの断片化が進み、ソーシャルワークの定義を確定することが難しくなっている（Gray & Fook 2004：626）からこそ、重層モデルがとられたのだろう。

英語圏のソーシャルワークのジャーナルでも関心を集めている現地化に関する議論の一つに、中華人民共和国における「本土化（＝indigenization）」がある。中国の民政局（日本の厚生労働省に相当）のウェブサイトで、「社会工作（social work）、本土化」を検索すると数多くヒットし、いかにこれが重要な問題とされているかうかがい知ることができる。なかでも王思斌は一九九〇年代初頭から中国のソーシャルワークやその教育には「本土化」が重要であると指摘しており、国内外で影響力をもつ。

中国では一九八〇年代から著名な大学でソーシャルワーク教育が再開され[4]、アメリカ・モデルの教育の導入されたものの、社会主義市場経済体制で、多様な文化・民族が集う中国の実情に合わせた「本土化」が不可欠であるとされた（亜洲及太平洋地区社会工作教育協会・中国社会工作教育協会 1996；Yuen-Tsang and Wang 2002：380-381；王 2001）。現地化は「中国でのソーシャルワーク研究者や実践者の学問的、専門職的自立性を確保するための政治的位置」（Tsang & Yan 2001：435）であると述べられたように、政治的なものであるとの見方もある。

なぜ日本では近年、現地化の議論が「下火」だったのか？

日本でも、日本の文化や社会に合うソーシャルワークとは何かという問いは長い間、大きな課題の一つであった

（空閑 2014：4-9）。特に終戦後、アメリカのソーシャルワークがGHQ主導で導入された時には議論が高まったという。西洋の社会で生まれたソーシャルワークは日本では役立たないのではと訝しむ声は「常に繰り返し」（仲村 1980：44）あがった。今でも現場で社会福祉教育は実践に役立たないなどと囁かれることや、福祉に関する研究の多くは日本の現状とはかけ離れた海外の研究の翻訳紹介に過ぎないという批判（杉野 2011：5）も、現地化に問題がある、または滞っていることによるのかもしれない。

日本のソーシャルワークの現地化が進んでいないと指摘される背景として、①現地化に失敗した過去があること、②戦後はGHQ主導による教育がなされたこと、③社会福祉の歴史を「進化」・発展として見た場合、近代より以前の福祉的な実践は否定的に捉えられることがあったこと、④「社会福祉士及び介護福祉士法」（一九八七年）の成立の関係から、実践の論拠となる学問を確固たるものとして提示せねばならなかったこと、⑤あまり目立たない形ですでに在来知が法や制度に組み込まれているなどの理由が考えられるように思う。

①に関して、まずあげられる失敗例としては、戦時のファシズム下における現地化だろう。この時期、儒教思想や報徳思想などが福祉（社会事業）を支える重要なものとされたが、それらは「日本社会事業の挫折」（吉田 2004：275）であった。真田是は戦時中の社会事業あるいは厚生事業について、次のように指摘する。

> 半封建的な無権利な搾取と収奪が基礎となり前提になっているものであるのに、私的領域での（略）慈恵的な対応のみを取り出してこれを日本的な「美風」として称揚することによって、やがて「恩」「義理・人情」を私的な地縁血縁をこえた国家的な範囲にまで溢出・拡大させることで天皇制的ファシズムの成立に生活経験的に寄与していった（真田 1980：54）。

次に②に関して。一番ケ瀬康子は「占領軍の指導のもとに、アメリカ社会福祉学とくにソーシャル・ケースワーク論を直移入し、それを教育体系の中心にすえる傾向に傾斜していった」（一番ケ瀬 1970＝2011：99）という。そして「日本人の心情にねざしている権威主義的傾向を媒介とし」、「ブルジョア・デモクラシーの典型であるアメリカ・デモクラシーのもとで発達したソーシャル・ケースワーク」を「日本人自ら」で吟味することなく輸入したにすぎないと特徴づけた（一番ケ瀬 1970＝2011：99）。

③の背景にある進歩史観は、第三章で指摘したように、ソーシャルワークが日本に導入された当初から顕著にみられた。たとえば『社会事業学原理』（1930）などの著書もある海野幸徳は、インフォーマルな社会資源を利用すること（＝「相互扶助」）を「人類生活の発展史の比較的初期」の段階にあるものとしている（海野 1924：3）。こうした観点に拘泥するとき、古くからある相互扶助などは都市化や近代化以前の時代の過去のものと位置づけられ、在来知を福祉に活かそうとすることは「後退」や「退化」となる。

ソーシャルワークのグローバル定義などでは、西洋で生まれたソーシャルワークは植民地化や西洋化といったかたちで非西洋圏に半ば強制的に広まっていったとの歴史が描かれる（同様な観点のものとして、Gray 2005：235）。しかしながら、海野をはじめ、多くの日本人ソーシャルワーク研究者のように、非西洋圏の研究者が「社会科学」的に考察した結果、ソーシャルワークが広まっていったともいえる。

　日本社会福祉には「座標軸」が乏しい。（略）明治以前は中国・朝鮮半島から儒教的救貧思想、インド・中国からは仏教的慈善思想、明治以降はドイツ・イギリス、大正以降はアメリカ、昭和の太平洋戦争後以降はアメリカとイギリス・北欧からモデルを求めた。

日本では、相互批判なしのいわば「雑居」し勝ちであった（吉田 2004：7-8）。

外からの思想や技術をそのまま受け入れ、長い時間をかけて咀嚼する。今ここで使っている漢字にしてもそうだ。輸入したものをゆっくりと自らのものにしてきた。そうした、ある種の在来知が日本社会にあったことも、現地化が進まなかった理由の一つにあるようにも考えられる。いずれにしても、「雑居」が日本での自然な流れであった。様々な宗教に由来がある神々が集まる七福神のように。

第二節　二〇世紀初頭の日本のソーシャルワークの現地化

田子一民『社会事業』――「日本式」の社会連帯思想

前節では、日本のソーシャルワークの現地化が進んでいないと指摘される背景⑤として、あまり目立たない形で在来知が法や制度に組み込まれていると指摘した。本節では、田子一民と小河滋次郎の議論を取り上げ、二〇世紀初頭の日本のソーシャルワークの現地化について検証したい。

以下は、田子一民の『社会事業』（1922）の冒頭である。

> 社会事業は社会連帯の思想を出発点とし、根底として行はれて居る社会生活の幸福を得しめ、社会の進歩を促さうとする努力である（田子 1922：1）。

社会問題 ⇒ 現地化 ⇒ 社会資源の確保 ⇒ 解決

図 6-1　現地化による社会問題解決

これに続いて田子は「日本式社会事業」の必要を説いた。フランスの社会連帯思想に基づいているように思わせて、田子は社会連帯思想を「簡単に」言い換えると「私達の社会と云ふ観念」になるという（田子 1922：9）。「私達の社会には社会連帯があるが、慈善の影は薄くなる。親子に慈善がない如く、『私達の社会』と自覚する社会には慈善がなくなるのである」（田子 1922：10）。「私共の社会」は社会事業の「根本思想」に位置づける田子の念頭にあったのは、儒教の教えであった[5]（池田 1986：28：池本 1998：322）。「我が家」の老いた親の面倒をみるのは当然のことである。社会連帯とは「私達の社会」のことであり、社会に属する人びとがお互い助け合うことも当然のこと、とする解釈だ。

日本でも仏教や儒教思想の伝来などにより窮民救済の施策がとられてきた。江戸時代にも幕藩体制のもと儒教の徳治主義にもとづいて「無告之民」、つまり誰も頼ることができない人々に対して救済策が取られていた。とはいえ、実際はのちに述べる五人組、儒教思想に基づいた相互扶助が基本で、救済の対象はごく一部に限られていた。相互扶助といっても、自然発生的なものではなく、池田敬正が「公共化」（池田 1994：36-38）と述べたように、強制力が働いていた。

一八七四年に成立した恤救規則は、「人民相互ノ情誼」による助け合いを強調し、「無告ノ窮民」のみに限って米（後に金銭）を支給するものであった（池本 2005：105-112）。そうした恤救規則の時代に、田子は「鰥寡孤独[6]を憐れむのは仁政であって、その内容は社会事業でなければならぬ」（田子 1922：27）としたのである。田子によるソーシャルワークのこうした現地化や「社会的なもの」の理解は、国家総動員体制下の厚生事業[7]のなかへ引き継がれた。池田敬正は「義務救助的救貧法制さえ成立させていない救貧行政の貧困を放置しながら防貧を説くところに、内実をともなわない先進的な理論に秘められた空疎さが見出せる」と批判した（池田 1986：27）。

こうした一種の現地化論とそれへ寄せられた批判は、後に日本の福祉施策のなかで再び繰り返された。一九七〇年代のいわゆる「日本型福祉社会」論とそれへ寄せられた批判である。両者に共通するのは、社会問題を「日本的」な何かを用いて社会資源を確保し解決しようとすることである（図6－1）。

現に一九七〇年代に日本型福祉社会が称揚されたとき、大戦時を連想し「危険」（仲村 1980：44）と嗅ぎ取る人が多かった。吉田久一も「現地化」の一バージョンであったといえる戦時下の「厚生」論、山口正の「生きてはたらく喜び[8]」（吉田 2004：280）を思い出したと記している（吉田 1980：46）。この「日本的」な何かには、美談や感動がついて回ることが多いことも共通している。

日本のソーシャルワークの現地化が進んでいないとみられる背景①として過去の現地化の失敗をあげた。つまり現在、新定義にある重層モデルにしたがって安易に日本型あるいは儒教的な考えに基づく現地化を進めると、戦時下の厚生事業とその失敗を想起させ、このパターンの批判を集めることが容易に予想できる。そのせいか、最近の政府が出す文書のなかでは「日本型」「相互扶助」などの言葉が巧妙に避けられているようだ。

現地化されたソーシャルワーカーとしての方面委員

次に、民生委員の前身である方面委員制度の立役者であった小河滋次郎のソーシャルワーク論を見ていこう。

小河の『社会問題救恤十訓』（1912）出版の動機は、シドニー・ウェッブが来日した際に日本の社会福祉施設や事業を視察し、それらが「模倣」に過ぎないばかりか、問題点さえ模倣したため同じ轍を踏んでいる事態を「指摘冷笑」したという話を耳にしたことであった（小河 1912：4-5）。これに奮起して日本独自の制度を考案しようとしたといい、いわば現地化の「外圧」ともいえるような状況といえる。第一章で言及したように、同書では儒教の教えや中国の審戸制度、江戸時代の五人組制などが検証された。

小河が青写真を描いた方面委員は「日本最初の社会測量機関」（村島 1929：10）と位置付けられた。「医者が人体を診察するように」（小河 1924：1）、あるいは戦いをするのに「敵」の情報を入手する少数部隊が必要なように（村島 1929：14）、「社会生活の真相を測量」するべく、社会の前線、つまり地域に放たれた[9]。

そんななか、小河の『社会事業と方面委員制度』（1924）でのアプローチは面白い。小河は社会調査の先駆を、明の時代の林希元（一四八一―一五六五年）らの災害対策に求めたのだ。小河は、災害時の効果的な救済を進めるための「社会測量の必要」を説く「先｢審戸｣」という言葉や、貧しい家を困窮の度合いに応じて三分類するなど必要に応じて食料を配給したこと、また「大姓」は平常時から民衆を調査し民衆を把握する役目があったことなど、中国の在来知を紹介した[10]。シドニー・ウェッブが二〇世紀初頭に日本の社会福祉実践を「冷笑」したとのことだが、これは当時ロンドンでも問題視されていた「濫救」まで模倣している様子に向けられていたとも解釈できる。ところが、アジアの古代の知には、「濫救」を未然に防ぐ策があったというわけである。

しかし「先｢審戸｣」や「大姓」はあまり徹底されず、貧困や災害時など限られていたとし、小河は、常日頃地域住民の生活の様子をつかむエルバーフェルト制度を好意的に紹介している。

また小河は、経済的に困窮している者、病人、障害者、不良行為をする者、犯罪者などは、「いずれも有機的社会組織の上に生じたる一つの連帯的変調」（小河 1924：65）という。人体を巣食う病は最初こそ小さな部分的なものであっても、後に全身に影響を及ぼすことがある。「病的社会現象」も同様に、そのまま放置すれば、いずれ

「社会」、つまり全ての社会構成員に波及する恐れがある。小河が方面委員制度の拡充に向けて奔走する理由は、以下である。

健全なる社会国家の発達を計ることによって同時にまた吾人の福祉安寧を保全し増進せんと欲するに外はない。情けは人の為ならずと信ずるは即ちこれが為である（小河 1924：65–66）。

社会有機体説に基づいた「福祉安寧を保全」する必要があると説くかと思えば、在来知といえることわざ「情けは人の為ならず」で説明しているのが小気味良い。

小河の文面には知性がにじみ出ており、事例の部分は韻を踏んでいるなど文学作品を読むようである。筆者には小河は流行語を避けるような傾向があるように思えるのだが、『社会事業と方面委員制度』には「社会連帯」という言葉が見当たらない[11]。その代わり、「社会全般の連帯責任」という語が用いられている。そして、「福祉安寧を保全」するために、「社会全般の連帯責任」のうえでソーシャルワークを展開するべきと説いた。冗談のようだが、社会連帯が五人組のルールの一つであった連帯責任に横滑りしてしまったような様相を呈している。

小河滋次郎の「反専門職主義」——否定される優生学

小河の『社会事業と方面委員制度』（1924）には、当時の論調と明らかに異なっていて興味深い点がもう一つある。それは、科学に懐疑的な部分があることだ。

最も多くの場合に、自然や環境の力が、反て人智科学の力に、ヨリ優つたまたヨリ強く大なるものであるといふことを会得するの要がある。成るべく先ず自然を利用せよ、努めて環境の善用に努力せよ。

（略）

救貧院とか養育院とか、孤児院、感化院、養老院、施療院、育嬰堂、無料宿泊所、廃疾院、授産場、免囚保護所といつたやうな専門的社会施設は、仮令それが如何に理想的な完全無欠の設備が出来てをつても、元来が不自然の基礎の上に、微々たる人智の技巧を奔して、一夜造りの作営を試みたるに過ぎざる（小河 1924：99-100）。

小河は、科学よりも「自然や環境の力」が優るという。感化院や免囚保護所などの「専門的社会施設」が「完全無欠」であったとしても「微々たる人智の技巧」にすぎず、「一夜造りの作営」だと憂う。まるで、それまでの小河の人生を否定しているかのようにも読める。そして畳みかけるように「我が社会事業の貧弱空虚」を嘆き、「文明の汚辱、国家の曠職[12]、社会事業の荒怠無能」を「痛嘆」した（小河 1924：94-95）。それは、一足早く脱施設化や当事者主権を唱えているようでもある。また「発奮自重」（小河 1924：108）の事例[13]などは、今と同様の姿勢で「自立」が尊重されたと言えなくもない。

憶測にすぎないが、おそらく小河は無力感にさいなまれていたのだろう。関東大震災の被災地に立って[14]。大地震は、日本社会の「進化」の実感を人々にもたらしたであろう、洋風建築を崩し、近代的な街並みを焼きつくした。小河は、地震という自然災害がもたらした焼け野原を前に、科学や近代的な知を過信していたことを思い知らされたのかもしれない。

このためか、科学的な知見を根拠とするソーシャルワークの専門性にも懐疑的である（小河 1924：41-42）。一九二四年時点で大阪に八〇〇人近くいた方面委員は、一人残さず「門外漢」であったが、実際「調査救護の重任」に当たってみると、「専門家を凌駕する好成績」をあげ、「奇跡」ともいうべき「大成功を収め」ることができたと「断言」している。ここで描かれたのが「仙人の手から凡人の手」（小河 1924：40）へ、つまり社会事業は専門家の手から素人の手に移りつつあるという時代認識——小河はこれを「民衆化」とした——である。

こうした「科学」的な知や専門知に失望している文章に、利用者―ワーカー間の非対称性を批判するような文も散見される。

（著者注・方面委員は）決して弱者とか劣者とかいふやうな考へをもつことなく、何れも隣人であり同胞であり若しくは親しき友達であり、歓待すべき珍客であるといふことを心から信じて居る（小河 1924：66）。

「同胞」という言葉は同じ国民や民族を指すため、現在の多様性の尊重を基盤としたものではないが[15]、援助する側とされる側の関係としては、ソーシャルワークのグローバル定義に通じると言っていい。小河の理想は資本家や「プロレタリア」などの階級（小河 1924：16）も乗り越えた「協力」「連帯責任」であった[16]。

さらに小河の無力感は、当時のソーシャルワークや社会学、また社会全体を覆っていた優生学的知見さえ否定する。

（著者注・社会事業の）民衆化に伴ふ自然の成行でもあるが、実は餘に物質的科学の力を偏重し、或はロンブロゾー一派の犯罪定型説を過信して人道を無視し、優生学、産児制限等学究説に心酔して情義を破壊し、総てが餘りに打算主義的実利本位に傾いて、斯業の大本たる博愛、同情、犠牲、奉仕等の宗教味道徳味人間味を閑却貌視するやうになつて来た世相に対しての反動作用とも認むることが能きると思ふ（小河 1924：40）。

ソーシャルワークを専門家の手から「凡人の手」をもつ方面委員に受け渡すこと、つまり「民衆化」は、自然の成り行きだという。それは、これまで科学を妄信し、優生学や産児制限などのアカデミックな研究やそれに基づく政策や実践に心酔してきた「反動」であると。確かに小河の救済思想の基本は儒教思想であったが（池田 1986：491）、自然災害がもたらした「無常観」的なものを基礎として、科学に距離を置くようになったともいえるのではないだろうか(17)。

第三節　古代の権力装置に起源がある「参加」

「我が事」として「丸ごと」つながる「地域共生社会」

現在、高齢化や人口減少の急速な進行を背景に、福祉の担い手として地域社会に大きな期待が寄せられている。厚生労働省の「我が事・丸ごと」地域共生社会実現本部による「『地域共生社会』の実現に向けて（当面の改革工程）」（厚生労働省 2017）で、「地域共生社会」は以下のように定義されている。

「地域共生社会」とは、制度・分野ごとの『縦割り』や「支え手」「受け手」という関係を超えて、地域住民や地域の多様な主体が『我が事』として参画し、人と人、人と資源が世代や分野を超えて『丸ごと』つながることで、住民一人ひとりの暮らしと生きがい、地域をともに創っていく社会を目指すものである（厚生労働省 2017：2）

日本型福祉社会の時の反省からか、「日本文化」をキーワードに人的資源を無償で創出しようとするような雰囲気（図6－1）はここにはない。「地域共生社会」「我が事」「丸ごと」といった、まだ色のついていない言葉が選ばれ、インフォーマルな社会資源の発掘と専門家による地域を基盤とした「丸ごと」の取り組みが目指された。[18][19] おそらく、「我が事」は the social の反義語といっていい。「『地域共生社会』を実現へ向けて」の文書において「我が事」の定義は不明瞭であるが、相互扶助の言い換えであろう。しかしながら、そこに「社会的なもの」は存在しない。

地域に暮らす他者が抱える生活上の課題は、現在又は将来の自分や家族の課題となり、暮らしやすい地域をつくることは自分の利益になる。このことが、『我が事』として地域づくりに参加するきっかけとなる（厚生労働省 2017：3）。

参加の動機づけは、「暮らしやすい地域をつくることは自分の利益になる」こと。それが「我が事」として地域づくりに参加することの意味である。「我が事・丸ごと」地域共生社会実現本部はまた、「地域共生社会の好循環」として、参加することの効用も示している。高齢者が「子育て支援などで役割を持つことが、予防に効果」があるとされ、障害者が「活躍する場を持つことが、自立・自己実現に効果」（傍点部は赤字で強調されている箇所）があるという[20]（厚生労働省 2016：12）。

では、具体的に「地域住民」とは誰のことを指すのか。「地域における住民主体の課題解決・包括的な相談支援体制のイメージ」のなかで、「様々な課題を抱える住民（生活困窮、障害、認知症等）」を取り巻くのは、「ご近所、自治会」、「地域の社会資源（インフォーマルサービス等）ボランティア[21]、ＰＴＡ、老人クラブ、子ども会、ＮＰＯ等」、「地域活動を行う地区社協、福祉委員会等　民生委員・児童委員」である（厚生労働省 2016：8）。

実は、ここにある「共生」「共助」の社会を支える「社会資源」の一部は、きわめて古い権力装置にルーツがある。

民生委員と五人組

民生委員の前身である済世顧問制度や方面委員制度は、ドイツ・ハンブルクのエルバーフェルト・システムを元に考案されたと、当時は鳴り物入りで紹介されたし、今もそのように考えられている。とはいえ、設立者たちによる書物や、その後出版された文献を見ると、五人組などといった在来知が意図的に活用されていたことが分かる（第一章参照）。五人組の組織運営は、地域のインフォーマル資源として位置付けられる民生委員や自治会に受け継がれたのみならず、その性格の一部はＰＴＡや消防団等にも残っていると考えられる。

ソーシャルワークのグローバル定義では、在来知が尊重され、「この定義は、各国および世界の各地域で展開してもよい」と現地化が認められた。民生委員はグローバル定義の文脈上、五人組という在来知を生かした制度で尊重されるべきものといえるのかもしれない。

しかしながら、在来知として歓迎するには、さまざまな問題が存在するように思える。まず、五人組がどういったものか、その概要を記したい。

柳田國男監修の『民俗学辞典』（1951）には、以下のように記されている。

> 五人組（ゴニングミ）近世に一般に普及した民間の自治的組合である。相互検察・共同担保・互助救済のために原則として相隣る五家を以て編制した地方制度上の最小区域の団体であった。（略）
> 五人組には婚姻立会、養子縁組立会、相続・遺言・廃嫡の立会、後見、財産の管理、品行監督、旅行通知・請願・出訴通知・売買質入証書の連印、犯罪連帯責任、耕作助力、租税代納義務、というような義務があり、近代にも習慣的に五人組の機構が生き残っていて葬式組としての意味をもつなど、社会的互助的共済の機能を持っているところがある。

『日本風俗史事典』では、五人組は互助組織である前に「江戸時代の庶民統制のための組織」であり、統治の装置と目されていた。たとえば、「貢租の負担を各戸が厳重に守るよう互いに監視」し、もし納付しない家があると、組として連帯責任を負わねばならない。また、治安維持やキリシタンの禁制の徹底にも効果を発揮したという。組内に犯罪人やキリスト教信者が出ると、連帯責任が問われ家長が五人とも死刑になることもあるため、自ずと組内で相互に監視しあうようになる。

そして、この五人組という在来知は開国後も人々の間で生き続けてきた。方面委員がそうであったように、地域の社会資源として活用されてきた。なかでも、重宝されたのは第二次世界大戦時である。このとき、自治会の下に一〇世帯前後からなる「隣組」が設けられた。国家総動員法・国民精神総動員運動に続いて、一九四〇年九月に内務省が通達した「部落会町内会等整備要領（隣組強化法）」によって制度化されたものである。『日本風俗史事典』にも、第二次世界大戦中の隣組制度は五人組の性質の一部が利用されたと指摘されるように、この在来知の再利用は意図的に行われた。穂積陳重（穂積 1921）をはじめ、多くの研究者が五人組に関する詳細な研究をおこない（石川 1930：10-12）、隣組の制度化の基盤とされた。西洋から輸入された概念でなく、日本に古くから伝わる在来知である点も喧伝され、「美しく描かれ」（野村 1940：180-181）、「絶賛する者」さえ現れたようだ。[22]

今日新しくはぐくみあげようとしている隣組は、地域的に相接近してゐる家々の小集団を単位とし、これに国策実践の連帯的な、相互扶助的な義務を負はせて行かうとする点に於いて、三〇〇年の歴史を持つ江戸時代の五人組と、全くその本質を同じくするものである（石川 1930：6-7）。

このように五人組は明治期に廃止されたものの、太平洋戦争の非常時に隣組として復活した。隣組が機能したのは、穂積重遠が指摘するように「五人組制度が徳川時代三百年の間行はれて居た下地がある」（穂積 1943：2）ためと考えられる。一九二三年の関東大震災の時に、四〇〇〇もの自警団が短期間で自然発生的に組織化されたことが知られている。穂積は自警団が出現した背景には五人組の素地があったと指摘し、「今日の隣組の下地が出来た」という（穂積 1943：24）。関東大震災時の自警団といえば、暴走した自警団員による朝鮮人・中国人の虐殺や暴行事件を思い浮かべるが、穂積は自警団が数多く組織されたことを良いものとして捉えていることに注目したい。

関東大震災の直後、とある教員が、自警団に参加し、これまで付き合いがなかった近所の人と親しくなって結束力が高まったことを「自警団から得た貰い贈り物の一つ」と書いている[23]（友納 1925：178-182）。ほとんど忘れられているのは、自警団は「災害ユートピア」（Solnit＝2010）的なコミュニティでもあったことだ。災害ユートピアとは震災や戦争など緊迫した状況下では、人は利他的になり、その場にいあわせた人々の間に連帯感や高揚感が生まれることを指す。「昔は、もっと近所で助け合っていた」というノスタルジックな語りがされることは悪くはないが、近代的な都市でそれが成立する場合、戦争や災害など、隣近所の人と生死を共にするような極めて大きなストレス下にあった場合も多かったことを忘れてはならない。小河のいう反専門職主義的で脱施設的な発想を良しとする「自然の力」による支え合いも、もしかすると災害ユートピア的な心性が基礎にあるのかもしれない。

隣組が制度化されるにあたり、中央官庁で「方面委員廃止論」が高まったという[24]。これは、方面委員制度が隣組と同様に五人組を基礎に据えた組織であり、隣組と共通する特質があるとみなされた証拠といえる。そして方面委員制度は、敗戦を境にその性格が刷新されたとはいえず（遠藤 1977）、現在の民生委員と地続きである。

英米ではソーシャルワーカーの多くは女性であった。そして日本で初めてソーシャルワークを実践したのが方面委員と言われている（大友 1978：池田 1986：488：岩本 2011：38-39）。しかしながら、方面委員制度の推進者やソーシャルワークの研究者たちが女性の活躍の必要性を盛んに訴えても定着しなかった（今井 2009：2013）。この理由も、方面委員が五人組の組織化の技術が下敷きになっていたためと考えられるのではないだろうか。「向こう三軒両隣」の、それぞれのイエの長はやはり男性だったのだろう。

コミュニティの負の特性——参加と村八分

一九四〇年の流行歌「隣組」[25]にあるような、ご近所さんがいたら、どんなに楽しいだろう。

とんとん　とんからりと　隣組
格子を開ければ　顔馴染み
廻してちょうだい　回覧板
知らせられたり　知らせたり

とんとん　とんからりと　隣組
あれこれ面倒　味噌醤油
御飯の炊き方　垣根越し
教えられたり　教えたり

現在も、自治会の役員として、または民生委員・児童委員として、あるいはＰＴＡ役員としてやりがいを感じ、活躍されている人は多い。こうした方々の多くはボランティア精神から、あるいは地域に貢献したいという使命感や義務感から、時間を費やし、成果を上げてこられた。またこれらの地域の役職を十把一絡げにしているとお叱りもあるかもしれない。彼ら彼女らのこれまでの貢献を讃えつつ、今後の時代に即したあり方を探りたいと思う。

ここで思い出さねばならないのは、コミュニティのもつもう一つの側面だ。つまり、「あるときは著しい排他性を見せ、時には厳しい差別が行われる」側面、「地域社会という集団自体は、本質的に保守的な性質をもった社会的規範のもとに成立している」事実である（板橋 2014：234-235）。

たとえば、太平洋戦争終盤の敗色が濃くなってきた時期、とある隣組内部の防空演習に関する会話は次のようなものであった。避難訓練の空襲警報のサイレンが鳴っているに関わらず、電灯の光を漏れて気にしない家をどうするかという話題になった。そのとき、「制裁は須（すべか）らく自然的にやるがよい、光がもれてゐるやうな家へは爆弾でも焼夷弾でもおちたといふ想定にして、水をかける、避難させるといふやうにやつてゆけばいゝぢやないか」という意見や、光を漏らす家が多い地域を「連帯責任で責め」るような声があがったという（中元 1940：9）。ちなみに、当時でも防空演習は役立たないという指摘はあり、レーダーが搭載されたＢ29には灯火管制の効果は低かったとの見方もある。具体的な問題策を探る前に、逸脱する家庭に対して何らかの制裁を下そうとしたり、連帯責任を課そうとしたりする発想は、五人組の名残と言えないだろうか。

恐ろしいことに、この性質は、現在も脈々と息づいている。あるコミュニティ・カフェを運営する代表者の一人は、子ども時代にある地方に引っ越し、次のような経験をした。

> よそから来た上に母子家庭です。母子家庭で母は土日も含めたフルタイムの仕事をしていますから町内会にも地域にも溶け込めようがありませんでした。町内会の仕組みがよくわからない私は友達に誘われて町内会の人たちとバスに乗って出かける行事に参加したら「廃品回収を手伝ってない家の子供は来ちゃいけないんだぞ」って言われたこともありました。どんな事情であれ町内会の手伝いを積極的にできない家庭は村八分な訳です（はづき 2017：21–22）。

廃品回収などの奉仕活動（ボランティア）は強制ではないが、水面下でこうした制裁が下され、母子家庭を排除するような動きがある。五人組という在来知とは感知されていなくとも、こうした過去のシステムの特質が温存されてきたことに驚く。しかし、温存させることによって明文化されない強制力が働き、参加を促すことに成功してきた。

現地化された福祉

本章では、ソーシャルワークのグローバル定義における、「この定義は、各国および世界の各地域で展開してもよい」（IASSW & IFSW 2014：2）とする方針をテーマに考察してきた。在来知というキーワードで読み解くと、日本の社会保障制度は、五人組などの統治のための在来知が下敷きにされた民生委員がその担い手として位置づけられていることから、日本でもソーシャルワークは立派に「現地化」されているといえることが判明した（これは、これまで議論されてきた社会福祉の公私論[26]と一部重なるものとして認識している）。

「この定義は、各国および世界の各地域で展開してもよい」の英文は以下だ。

The above definition may be amplified at national and/or regional levels.

現地化を場合によっては「敷衍（amplified）」しても良い、という表現は、曲解したり歪曲したりすることを許すものではない。

第五章で述べたように、このソーシャルワークのグローバル定義において、在来知の全てが許容されるのではなく、リスクや抑圧を生むようなものは否定されている。五人組を由来とする組織運営は、リスクや抑圧を生むとまでは言えない。だからこそ、この在来知は今まで生き残ってこれたと言えるが、そこに問題があるのは上で述べたとおりである。

日本の社会保障制度や社会福祉学には、国全体と、顔の見える関係性からなる五人組的な地域のつながりとの、二重の「社会連帯」が組み込まれてきた。したがって、日本の福祉の分野の「社会的なもの」の理解は、この二重構造の影響を多分に受け、序章で述べたようにエキセントリックなものとなっている。そして個人は、前者へは納税、後者へは（自由参加とされつつも、強制力がはたらくこともある）「奉仕」をするように設計された。そして後者は逆累進課税になりがちだ。

両者は福祉の専門家に対する考え方も異なる。国レベルでは、一九八七年に国家資格化されたように、専門家という存在やその必要性を認められている。これに対し、ある意味「世間」ともいえる「社会」で交わされる参加には、基本的に専門性は重要視されない。

本章では、古代にルーツのある在来知の問題点の指摘が多くなってしまったが、何も伝統的な日本の知を否定したいわけではない。ソーシャルワークのグローバル定義の諸原理に合う、また現在の私たちの社会に適合するような在来知であれば、歓迎したいし、思いあたるものもある。五人組のような為政者の統治技法でなく、民衆が主体となっていた知こそ、近代化や科学的な思考の強制とともに滅びてしまった（または滅びつつある）もので、甦生が望まれるのではないだろうか。

（1）本論では秋元樹（2014）にならって indigenization を現地化と訳した。
（2）日本のソーシャルワークとしての「生活の場モデル」を展開する空閑は、ワーカーの「直観と経験と類推」の言語化を積み重ねる、臨床の知あるいは実践知と実践の創造と蓄積、成熟が必要と説いている（空閑 2014：217-219）。
（3）当時、日本でも『ケースワーク論――日本的展開をめざして』（大塚・岡田編 1978）や『日本のケースワーク』（松本編 1978）などが出版された。

（4）中国の社会福祉教育については、Yuen-Tsang and Wang（2002）や包（2005）を参考。

（5）吉田久一は、田子の社会連帯思想を「救済事業と癒着した社会連帯思想は、レオン・ブルジョアのいう『義務としての連帯』が容易に『事実としての連帯』に『先祖返り』をした」（吉田 1989：502）と特徴づけた。

（6）妻のない夫と、夫のない妻と、みなし子と、老いて子のない者。身寄りのない人。よるべのない人（『大辞林』）。

（7）ソーシャルワークに「行詰り」を感じ、「国家思想に帰れ、歴史的精神へ戻れの要求」に解決策を見出そうと（山口 1943：831）、全体主義、家族主義、「勤労精神の尊重や同義的観念の発揮等わが国民的性格」を基礎とした「厚生」、つまり「勤労と生活の持続的調和」が提唱された。戦時下に「厚生」論が浮上したのは、「支那事変を契機として我が兵力及生産力増強の緊急必要に迫られた」などのひっ迫した背景があった（小澤 1943：535）。

（8）厚生論では「奉仕」は「生きがひを感ずること」であり「皇国民としてのつとめ」であった（山口 1943：836）。そういえば、「奉仕」という言葉は、最近あまり使われなくなり、ボランティアへ置き換えられていった。

（9）この方面委員の実践は、今も「ニーズ把握の実践」（金井 2010）や「社会調査」（北場 2009：3）などの先駆けになったと目され、社会調査の発展史のなかで語られることがある。

（10）小河（1924）には参考文献があげられていないため、原典を確認することができなかった。沈徳符編『萬暦野獲編』（1606）などには、同様の内容が収められているが、小河の引用とは文章が違う。「大姓」は「地元の名家、勢力のある家柄」（『字源』）の意味で使っていると思われる。

（11）他の論者は、方面委員制度は社会連帯の一つのあり方と認識している。小関正道は「方面委員の精神は社会連帯の語に拠って尽くされていると云ふことは今日に於いては一般の常識である」（小関 1933）と述べ、村島帰之も社会連帯に言及した（村島 1929：27）。

（12）職責を十分に果たさないこと（『大辞林』）。

（13）「弘済会付属の養老部」に「収容されていた」、八〇歳近くの「不具」の「老爺」と七〇歳近い「盲目」の「老婆」が、「恋聲に手曳きされ」て「脱走」し、自活するようになった事例（小河 1924：107–112）。

（14）一九二三年一一月号『社会事業研究』の巻末の「消息」に、「震災後の東京視察に赴かれ」たとある。

（15）同胞は、同じ父母から生まれた兄弟姉妹を指す言葉でもあるが、時代的な拘束から「祖国を同じくする者同士。同じ国民。同じ民族」（『大辞林』）を指すと考えた。

（16）専門性を否定できた背景には、当時の乏しい社会環境がある。方面委員制度が創設された時代、専門性がなくとも方面委員が活躍できる場所は多くあった。たとえば当時の文献には、無籍のために書類をそろえて手続きし就籍した事例（徴兵検査が受けられるようになったというハッピーエンド）、貧しい人に対しても銀行口座を設けて貯金するように勧めた事例、戸板を担架の代わりにして病院に担ぎ込んだ事例などがあげられている。社会制度が整っていないことが伺える、比較的単純なケースが多い。

（17）いっぽうで施設と方面委員による地域での「救済」を、「病院と自宅療養」と例えたりもする。また、参考文献が示されていないものの、当時のヨーロッパの大規模福祉施設や隔離主義の弊害についての研究も下敷きにされていた（小河 1924：100–101）。

（18）筆者は、ボランティアや企業の社会貢献、社会的企業など準市場を通じて社会資源を豊富にすることは望ましいと考えている。

（19）改革の骨格は、①地域課題の解決力の強化、②地域丸ごとのつながりの強化、③地域を基盤とする包括的支援の強化、④専門人材の機能強化・最大活用であり、四つのうち三つに「地域」という言葉が入っている。

（20）おそらく、適度な社交や作業が認知症予防に効果があるなどといった調査結果が下敷きになっているのだろう。しかし、こうしたエビデンスは条件も環境も異なるすべての人に適用できないのは常識である。筆者も高齢者や障害者が社会参加することは望ましいことと考えているものの、「参加」を促すためにエビデンスを利用することに違和感を覚える。たとえば結婚相手を選ぶときに虐待や貧困の世代間連鎖のエビデンスに基づいて、「我が」利益を重視し「良い家柄」の子女を選ぶほうがいいといった思考回路と似ている。また、障害者が「活躍する場を持つことが、自立・自己実現に効果」があるとしても、「活躍」できない（と周囲の人に思われやすい）重度の障害者を排除してしまうことになる。

（21）民生委員はボランティアと説明されるものの、民生委員とは別にあえて「ボランティア」が記されているのは、やはり性質が違うと認識されていることの証左であろう。

（22）もちろん、その起源は古代中国にあったことにも言及されている。英語由来の外来語が敵性語とされたものの、漢語の排斥は見られなかったことと似ている。

（23）なお、この人物は自警団による暴行や虐殺を批判する冷静さも持ち合わせている。ちなみに筆者は一九九五年の阪神淡路大震災の時に「震災ユートピア」を経験した。大学の授業もなくなり、阪急電車も営業を停止していたから物理的に地域にいたという環境もそうさせたのかもしれないが、地域・家族の存在が本当に近くなったと感じる経験をした。友納友次郎

（1925）の文章を共感して読める。隣の家の屋根瓦が損傷し、ブルーシートをかけるのを手伝ったときに撮った写真には、卒業後の進路も決まっていないのに、この上なく嬉しそうで充実した筆者の顔が映っている。

（24）大阪府民生委員児童委員講義会連合会のホームページ（http://www.osakafusyakyo.or.jp/minkyo/ayumi/02.html）による。

（25）一九四〇年に隣組を宣伝啓発する「隣組」（岡本一平作詞・飯田信夫作曲）が大流行した。現在も歌いつがれている。以下は、本文に続く三・四番の歌詞。

とんとん　とんからりと　隣組
地震や雷　火事泥棒
互いに役立つ　用心棒
助けられたり　助けたり

とんとん　とんからりと　隣組
何軒あろうと　一所帯
心は一つの　屋根の月
纏まとめられたり　纏めたり

（26）池本（2005：97-128）が参考になる。

終　章　アンペイド・パブリック・ワークへの動機付けとその逆機能

本書では、二〇一四年のソーシャルワークのグローバル定義に盛り込まれた概念をキーワードに、社会福祉（学）で言及される「社会」にはどういったものが想定されているか、また専門家としてどのように専門知を扱えばいいか、今後どのように専門家や専門知と接していけばいいのか問うてきた。選んだ概念は、在来知、植民地主義、多様性の尊重、社会的結束、現地化である。

ソーシャルワークの新定義では、ソーシャルワークの基盤の一つとして「在来知」が強調された。先住民族の知のみならず、ソーシャルワーカーが誕生した西洋（大雑把な言葉であるが）とは異なる文化で育まれた知、あるいは身体的・知的・精神的な状況が「健常」「正常」とは異なる人々が共有する知なども参照されるべき知となった。ソーシャルワーカーの専門職化が始まった頃には、科学化が最も重要視されたことを鑑みると、大きな変化といえる。こうしたソーシャルワークの知の変化の背景として、ソーシャルワークには先住民族をはじめ社会的弱者を迫害した歴史があったことを真摯に受け止め反省しなければならないとする機運が高まったこと、西洋的な価値観に基づくソーシャルワークへの批判が集まったことなどがあった（第一章）。

また過去のソーシャルワーク実践が、社会的な弱者の抑圧につながってもいたという過ちを正すには、その世界観も見直す必要があった。そこで批判の矛先が向かったのは、ソーシャルワーク萌芽期において基本であった植民地主義的視点である。日本では近代化の流れのなかで、進んでコロニアリスティックな視点を身につけ自らを眼差し、多くの日本古来の在来知を自主的に駆逐してきた。また一方では、支配者の側から被植民地の人々に植民地主義的な眼差しを投げかけたという歴史もある。二〇一四年定義にはポストコロニアル・スタディーズ、カルチュラル・スタディーズなどの影響がみられ、植民地主義的な観点を捨て「人々とともに」働く姿勢が重要とされた（第二章）。

次にソーシャルワークのグローバル定義にある「多様性の尊重」に注目した。同定義や英米の社会福祉教育において、多様性が示す範囲は、人種や文化のみならず、年齢、階級、言語、宗教、ジェンダー、障害、性的指向性などと幅広い。多様な属性をもつ人々を抑圧する社会構造を批判的に分析できる知識と、多様性を尊重した配慮をおこなう能力を、今後、ソーシャルワーカーとして身につける必要がある。多様性はしばしば重複することを念頭に置きつつ、今後の社会福祉教育では実際のカリキュラムに加えて「隠れたカリキュラム」への配慮も欠かせないことを指摘した（第四章）。

また新定義に新たに登場した「社会的結束」にも言及した。まず、国や国際機関、ソーシャルワーク領域において、この語が注目されるようになった経緯と背景を概観した。比較的早い時期からこの概念を政策課題にあげてきたイギリスにおいて、結束という語に注目が集まるきっかけは、暴動やテロといったリスクであったという。社会的結束は、ある意味、多様性の尊重を担保にして社会の安全を守るための方策として掲げられるものといえる。ソーシャルワーク領域の社会的結束に関する議論においては、社会的包摂の促進、持続可能な福祉の推進と共にこの概念が強調される傾向にあった。そして、社会的結束が社会統制に近づいた場合、ソーシャルワーク実践におけるリスク介入か自由かという古くて新しいアンビバレントな関係を再現する可能性がある点を論じた。

社会的弱者の側の価値観や知を重視する実践において、ソーシャルワーカーの持つ専門知と在来知の間、ソーシャルワークの原理や価値観と利用者の価値観や慣習などとの間に軋轢——特に、リスクがあるような場合——が生じることが予想できる。そこで今後、ますますソーシャルワークの価値や倫理がソーシャルワークの実践や教育の中で重要なものとなっていくといえる（第五章）。

最後に、西洋的なソーシャルワークの理論や方法を現地の文脈に適合させることを指す、現地化について考察した（第六章）。日本のソーシャルワーク研究は欧米のものを翻訳しているに過ぎないと揶揄されるものの、現在の民生委員制度につながる方面委員制度の成立過程などを検証したところ、すでに現地化が達成され制度に組み込まれているものもあることを確認した。その最も特徴的なものが、「社会的なもの」を「自助＋公助＋互助」と位置付ける社会保障制度のあり方である。自助も（伝統的な）互助も頼れない個人が、「市場的・経済的連携とも異なるかたち」で、どのように「社会的」に結びつくかについて論じている時に、一人で始末をつけることや血のつながった家族や親族、近隣に住む人々の助け合いの重要性を繰り返す傾向である。

専門知との向き合い方

フレックスナーの影響下にある専門家の理想は、一般の人がもたない専門知に依拠して実践をおこなう者であった。その専門知は科学的な研究活動により日々更新されるもので、実践の対象になる者は、その専門知をもたない者と想定された。専門家になるためには、長期間にわたる教育が必要とされ、一定レベルの到達度が求められ試験などが課される。その知に依拠する専門家は、最も状況に通じている者とされ、クライエントの意にそぐわない場合であっても、「正しい」判断をする者とされた。

しかしながら、現在、そうした態度は見直されなければならない。在来知を含む「素人」のもつ知も尊重されなければならない時代だからだ。当事者も有効な知を積み重ねることができる存在とされた今、科学を錦の御旗としてクライエントの思いを封じ込めることがあってはならない。とはいえ、リスクに関する問題は引き続き存在し、その当事者の知や自己決定が自他の安全を脅かすときは、この限りではない。福祉の領域に限らず、医学や看護など他の領域においても、こうした専門家としての態度はおおむね正当なものとされているといえる。このことはすでに数十年来繰り返されてきたフレーズでもあり、今回の改定で再確認されたといえる。

そうしたなか、どのように「素人」や「クライエント」「利用者」として専門家や専門知と接していけばいいのだろうか。これまで援助やケアやサービスや診療を受けてきた人々のなかには、それらが意に沿わないものだったという人もいるだろう。専門家が利用者の側の知や思いを軽視し多様性を尊重しないなどといったことがある場合、異議がある旨を伝えることは今や正しいこととなった。そうした表明が難しい人に対しては、専門家を含めた周囲の人による配慮も必要になる場合がある。

情報環境が変化したことにより、長期間の教育や訓練が必要とされた専門知へのハードルは低くなった。医学の知でさえ、素人がネット上の検索エンジンで情報を得ることができる。インフォームド・コンセントが重視され始めたのは、そう遠い昔のことではないが、その頃よりも素人の側の情報環境が格段に充実したものとなった。とはいえ、素人が専門知を身につける義務はないので無知のままでもいいし（また色々な理由のため、できない人もいる）、否定してもいい。たとえば「発達障害」というレッテルを不服として「カンシャクモチ」だとして突っぱねる自由はある。また利用者や患者としての役割期待を踏まえ無知を装うのも自由だが、正しい知識を身につけるほど暇な人はあまりいない。

ただし、一般の人であってもある程度、専門知を身につけることも必要になる場面も考えられる。たとえば、ある種の障害児の振る舞いや発言が「普通」ではなかったとしよう。すると、周囲の人々はその原因を「がまんが足りない」ことや「親のしつけが悪い」ことに求めるなど、審判的で非難めいたものになり、障害児やその親が生きづらく思うことはよくある。そんななか、発達障害などの特性をある程度周知させることで、周りの人びとが非難ではなく、その障害児には別のニーズがあると考えられるように、新しいエチケットのようなものを身につけたほうがいいこともある。

そしてリスクがある場面においては、専門家はリスクを持つ当事者や周囲の人びとに説明する責任があり、充分な意思疎通を図り、必要なサービスとつなげることが肝要となる。たとえばがんの治療を受けないと命の危険がある人が、ある民間療法を優先したいという希望を持っている場合など。ほかにも介護殺人は、「自助」や「共助（互助）」を強調されるものの機能不全に陥っている社会環境の犠牲者といえるが、こうしたリスクが発生しないように働きかけることも重要だろう。

「社会的なもの」と「集団的責任」

前章では、方面委員制度は当時「社会連帯」の一つのあり方と認識されていたものの、小河滋次郎は「社会全般の連帯責任」という語を用いたことに触れた。この「連帯責任」を英語に訳すと collective responsibility であるが、実はこの語は、ソーシャルワークのグローバル定義の本文の中にある。

社会正義、人権、集団的責任（collective responsibility）、および多様性尊重の諸原理は、ソーシャルワークの中核をなす（IASSW & IFSW 2014：2）。

また、解説部分には以下のような「集団的責任」に関する言及がある。

人権と社会正義を擁護し支持することは、ソーシャルワークを動機づけ、正当化するものである。ソーシャルワーク専門職は、人権と集団的責任の共存が必要であることを認識する。集団的責任という考えは、一つには、人々がお互い同士、そして環境に対して責任をもつ限りにおいて、はじめて個人の権利が日常レベルで実現されるという現実、もう一つには、共同体の中で互恵的な関係を確立することの重要性を強調する。したがって、ソーシャルワークの主な焦点は、あらゆるレベルにおいて人々の権利を主張すること、および、人々が互いのウェルビーイングに責任をもち、人と人の間、そして人々と環境の間の相互依存を認識し尊重するように促すことにある（IASSW & IFSW 2014：3）。

ここでは、人権と集団的責任の共存が強調されている。集団的責任は、第一に人々がお互いに、また環境に対して責任をもってはじめて人権が擁護できるという現実、第二にコミュニティの中での互恵的な関係の重要性を強調するものであるという。

ＩＦＳＷ事務局長であり二〇一四年定義の責任者であったトゥルーエルは、この集団的責任ついて以下のように述べている。

政府や親、コミュニティの指導者、一般の人々が、他者のウェルビーイングのために責任を果たさない限り、人権を守ることはできない。このため、このグローバル定義は集団的責任を強調している（Truell 2014：3）。

この二〇一四年定義に新たに盛り込まれた集団的責任は、人権を実現させるための集団的責任であった。確かに、ある社会や国において、主にその構成員の人権を保障することは、全ての構成員が責任を果たすこと（各種の制度を整えて、納税し各種の公共サービスを展開することを是認するなど）でもある。トゥルーエルの文章からは、それまでもあった「社会的なもの」を介した人権の尊重が基本とされていることが確認できる。

定義において、集団的責任というキーワードが「社会的なもの」の強調であると同時に、コミュニティの中での互恵的な関係の重要性を強調するものでもあった。後者は、「社会的なもの」を介さない社会関係資本や、インフォーマルなつながり、互助を推奨する姿勢だといえる。上記で指摘したように、現在、日本の社会保障制度は五人組という古来の在来知の名残のある民生委員制度や住民組織に依拠している。二〇一四年定義は、こうした組織を「共同体のなかの互恵的な関係」として重視しているとみることもできる。

「アンペイド・パブリック・ワーク：公的無償労働」

インフォーマルな助け合いの大切さを強調することには異論はないが、五人組の名残のある組織[1]を「共同体のなかの互恵的な関係」と位置付けることには違和感が残る。この活動は「自由参加」の「ボランティア」とされることが多いものの、不文律や「世間体」やインフォーマルな制裁を盾にした強制力が働くこともあり、かつ「行政の末端」（伊豫谷・齋藤・吉原 2013：180）として公的サービスに携わる無償労働であるからだ。

無償労働といえば、アンペイドワークに関する議論がある。「アンペイドワーク」とは、不払いの仕事、賃金や報酬が支払われない労働（働き方や活動）を指す。国連の分類によると、フォーマルな市場経済の外でインフォーマルに組織された仕事（農業の無給労働など市場や自家消費向けの物資・サービス生産）と、家庭での家事・育児・介護や、地域での環境保護、ボランティア活動等の二つに分類される（『福祉社会事典』）。

しかしながら、ここで論じたいアンペイド・パブリック・ワークは、これらの議論とはかみ合わない点も多い。アンペイドワークの議論では、主に女性によって無償労働が担われていることが問題視される。この男女間の不平等が、女性の貧困化をもたらし、女性の社会進出を阻み、働く女性が「家事も仕事も」負担せねばならない事態を招くためだ。本章が焦点を当てる無償労働は、男性も重要な担い手として位置付けられてきたため（民生委員はもともと男性主体であったが、最近では女性が六割を占めている）、これまでの論調の延長では論じにくい[2]。

ここでは、こうしたアンペイドワークを可視化するために、「アンペイド・パブリック・ワーク」という語を用いたい。

「アンペイド・パブリック・ワーク」とは、市場経済の外で行われるアンペイド・ワーク（無償労働）であり、かつ公的な業務を遂行する仕事を指す。たとえば、民生委員は非常勤の地方公務員（無報酬）として、社会福祉関連法の事務の執行に「協力」しており、アンペイド・パブリック・ワークをおこなっているといえる。「地域包括ケアシステム」「『我が事・丸ごと』地域共生社会」などで期待されている、町内会・自治会をはじめとする地域の参加主体の多くは、アンペイド・パブリック・ワークを担っている者たちである。

こうしてアンペイド・パブリック・ワークと括ってみると、この社会には公共サービス全般で同様の仕組みが整っていることに気が付く。防災・防火・防犯・公園の整備・ごみ収集・広報物配布など、さまざまな公共サービスの一部が住民の無償労働で担われている。民生委員制度は厚生労働省の管轄だが、他にも法務省の管轄では保護司や人権擁護委員、総務省管轄の消防団員などがあげられる。日本のアンペイド・パブリック・ワークの特徴としては、有無をいわせず参加へ促す伝統的な農村組織における共同労働や五人組といった在来知の様式が多少なりとも残っていることだ。日本社会の公共サービス全般でこうした無償労働が大きな役割を担ってきたし、今も、多くのアンペイド・パブリック・ワーカーが「ボランティア」をしている。同時にこれらのアンペイド・パブリック・ワークでは、なり手が少なくなってきている[3]、高齢化が進んでいるなどの問題に直面している点で共通している。

「ソーシャルワークは専門職である」

こうしたアンペイド・パブリック・ワークが常識になっているからこそ、ソーシャルワークのグローバル定義の冒頭で「ソーシャルワークは……専門職である」[4]とされていることに違和感を覚える人もいるのだろう。秋元樹は「あなたはこれを受け入れられるか?」と挑発的である（秋元 2015 : 187）。スラム街の路地の子どもによるサッカーでも、まばゆいスタジアムでスター選手によるものでも、「サッカーはサッカーである」としたうえで、「プロ（専門職）のソーシャルワーカーによってなされようが、社会の他のいろいろな人々によってなされようがソーシャルワークはソーシャルワークであろう」（秋元 2015 : 191）と主張する。

そもそも、職能団体が組織される理由は、専門職従事者らが、専門性の向上や情報交換、専門職としての利益を確保することなどであった。ソーシャルワーカーは名称独占の専門職とはいえ、専門家としての認知度を高め、自らの雇用環境を守ることも専門職団体の任務の一つであったし、このことは、専門家は利用者を食い物にしているといったような反専門職論の前提でもあった。これに対して、秋元の見解はアンペイド・パブリック・ワークの重要性を強調するもので、ソーシャルワーカーの収入を不安定なものとし職域さえ競合しかねない。

専門家が安く買いたたかれる傾向は、日本語の「専門家」の定義にもみることができる。加藤周一編の『世界大百科事典』では、専門家とは①体系的な知識（学問）を長期間学ばないと就けない職業であること、②自己の利益追求よりはむしろ公共への奉仕を指向していることの二点とされている。これに対し、『オックスフォード・ディクショナリー』の profession の項目には、「特に長期にわたるトレーニングと公的な資格を必要とする、有給の職業」が最初にある。

ソーシャルワーカーも一種の労働者である。定義の冒頭に「ソーシャルワークは……専門職である」があるのも、せめて国際労働機関（ILO）のいう「ディーセント・ワーク（働きがいのある人間らしい仕事）」であることを目指したいという希望も込められているとも考えられる。つまりこのグローバル定義には、国の機関として救護法に関わる事務を担い、ソーシャルワークを無給で（時に持ち出しで）実践したような方面委員などの存在は想定されていない。

「クライエントの利益を最優先に考えるべき」とされるのは当然であるにしても、（「クライエント」の困難を差し置いて）福祉関係職をディーセント・ワークにすることに後ろめたさを感じる人がいる。この背景には、こうした日本特有の専門職観があり、在来知に基づく「支え合いの心」が称揚される社会だからなのかも知れない。

中国二千余年の在来知

本書は「おわりに」で示すように、博士論文の一部をもとにしている。本書をまとめるにあたって、博士論文を作成していた時には、重視していなかった五人組の存在がどんどんと大きくなっていった。書き下ろし部分のために方面委員制度の創設当時の資料に目を通し、五人組の影響が意外にも大きかったことを知ってからだ。

前章でも述べたように、五人組は封建制の統治者にとって効率の良い権力装置であった。五人組はもともと中国大陸から渡って来た組織運営法である（穂積 1943：27；石川 1930：44-45）。その起源は古く、秦の商鞅（390-338BCE）による法に遡ることができるという。この知が近代以降も重宝されたことは、日本政府が同等の統治技法を植民地の管理のために利用していたことからも伺える。台湾（一八九九—一九四五）や満州国（一九三二—一九四五）、上海租界（一九四一—一九四五）など（遠藤 2013）。穂積は漢民族の居住する地域の統治に「適切」（穂積 1943：27）と述べたが、朝鮮半島（一九一〇—一九四五、鳥越 1994：231-259）やインドネシアのジャワ島（一九四二—一九四五）など例外もある。

そして、これは、想像以上に強力な権力装置でもある。

中国大陸では、国民党の蔣介石が五人組と同じ起源をもつ保甲制度を一九二七年に再興し、中華人民共和国建国後もこれと同等の「居民委員会（農村部は農民委員会）」が立案された。たとえば、居民委員会の委員に「婦女主任」が配置されているが（郭 2014：115）、彼女たちはいわば一人っ子政策（一九七九—二〇一五）の実動部隊であった。[5] つまり、この在来知は文化を変容させ、人々の生殖を管理することさえできる統治技法といえる。[6] またこの知は、社会体制やイデオロギーの違いをゆうゆうと乗り超えてきた。

一九九〇年代以降のソーシャルワーク理論は、フーコーの影響を多分に受けてきた。この二〇〇〇年以上もの長きにわたって生き続けた、アンペイド・パブリック・ワークの遂行に向わせる在来知は、J・ベンサムのパノプティコンよりも安上がりで強力な監視装置として稼働してきたといえないだろうか[7]。

五人組という在来知が意図的に組み込まれた町内会や隣組は、終戦後にGHQが廃止してもすぐに復活したほど（加川 2015）、強固な組織だった。それにもかかわらず、近年、ほころびが目立ってきたのも事実である。行政が五人組に由来する組織に期待を寄せる一方で、トラブルも多く変革や廃止を唱える者も現れ、ネットでは不満や酷評が溢れている。それらを無視したまま、地域の社会資源と位置付けていいのだろうか。少なくとも多くの人は、こうした組織へ嫌々参加している人も多いことを知っているはずだ[8]。そんな社会において、誰もが参加できる魅力ある「地域共生社会」の実現を目指すにはどうしたらいいのだろうか。

五人組的な組織を基調とする「地域」はなぜ脆弱化するか

厚生労働省の文書でも、自治会・町内会の加入率が減少し続けているなど、住民組織に問題が生じているとの見方がされている（厚生労働省 2017 : 3）。また、「赤い羽根共同募金」「歳末たすけあい募金」の七割を超える募金が「戸別募金」（自治会や町内会組織で集金）で集められたものであるが、これが一九九五年から毎年一―二％着実に減り続けていることも、五人組的な風土の残る組織が徐々に機能しにくくなっている証拠に位置付けられるだろう。こうした「変化[9]」は、お互いに支え合い共生していけるような地域の福祉力が脆弱になりつつあることの一つの表れと認識され、支え合いが可能な社会にするためには、こうした組織の活性化が叫ばれる。ここでは、「地域共生社会」の実現の糸口を見つけるために、こうした問題意識の背景にあるものを整理したい。

まず一つめに、かつての日本の社会にあった支え合いの心、相互扶助の「文化」がいかなるものであったか適切な把握がなされておらず、ノスタルジックな願望のようなものが共有されている点があげられる。福祉系の雑誌に山折哲雄の「日本は世界でいちばん助け合いができる国」という言葉が載せられる。また『地域共生社会』の実現に向けて」では、「かつての我が国がそうであったように、人生における様々な困難に直面した場合でも、人と人とのつながりにおいて、お互いが配慮し存在を認め合い、そして時に支え合うことで、孤立せずにその人らしい生活を送ることができる」（厚生労働省 2017：2）などとある（ちなみに、ここで「公的支援」は「『支え手』『受け手』という固定した関係の下で提供される」ものと表現され「人と人とのつながり（支援しあう関係を指すと思われる）」の格下にあるような印象をあたえる。一瞬、専門家―利用者間の非対称性の問題を克服する手段のように思えるが、人々のニーズを満たす公的支援が「固定した関係」の下で提供されるのは当然のことで、揶揄されるべきではない）。

確かに、「人と人とのつながり」は人間が生きていくうえで欠かせないもので、個人的にも是非大切にしたいと考えている。しかしながら、過去に存在した「支え合い」の文化では救えなかった人々もいたことも事実である。たとえば第二章で引用した、松原岩五郎の『最暗黒之東京』（一八九三）には、障害者の苦境が描かれていた。障害の種別が異なる当事者たちが、伊香保の温泉街の貧しい人々の家の床下に集団で暮らしていた。彼らは、芸もしくは按摩や鍼灸で身を立てていた。つまり、障害者は村落共同体の外部に存在しており、「人と人とのつながり」つまり相互扶助の関係から排除されていたといえる。

一方で、知的障害者が福をもたらす存在として大切にされたこともあったものの、多くの身体障害者は「鬼」や「化け物」として出生時に殺されていた。[10] こうした死という究極の排除を経た後の相互扶助であったことを忘れてはならない。つまり、相互扶助には限界あるいは条件が設けられていたのだ。また五人組の掟のなかには、相互扶助の精神で困窮する家を手助けするよう促す条目があるものの、幕府にとって税収を確保することを目的に設けられたものであった（煎本 2009：99–100）。

また現在でいう福祉サービスが近隣の相互扶助によって担われていた時代は医療や衛生的な環境、社会保障制度が現在のそれとは違うことを念頭に置くべきだろう。病人の看病や高齢者の介護は、現在に比べて短期間であったと考えられる。たとえば、寝たきりになると褥瘡ができ、感染症になって亡くなる人の割合も高かっただろう。

第五章で、日本は社会的孤立や自殺に関して悪い調査結果が出ており、社会的結束が比較的弱いと結論づけられたことに言及した（OECD 2005）。こうした現状をまず、受容する必要がある。日本で起った介護殺人の最近の一年あたりの犠牲者数は、イギリスのテロによる犠牲者の数を上回るものだ[11]。過去の相互扶助や共助に関するファンタジーを軽々と口にすることは、あまりにも危険な行為だといえよう。

相互扶助のメリットとデメリット

地域の組織が弱体化していると認識される背景の二つ目には、参加に対するメリットも、不参加に対するデメリットも消滅しつつあることがあげられる。

まず、過去の相互扶助を成り立たしめる動機は何だったか考えたい。杉野昭博は、日本文化におけるボランティア活動の起源は「労役」にあるという。村の共有地の管理や灌漑事業など、伝統的農村組織における共同労働の習慣が、今日のボランティア活動の文化的基盤になっていると指摘する（杉野 1995：69）。たとえばユイと呼ばれる相互扶助あるいは「ボランティア」は、小農同士の対等な関係における強制的な性格をもつ労働交換であった。つまり、相互扶助的な慣習・文化が存続し得たのは、生業を営むために必要不可欠だったからであった。

しかし、この労働交換に不平等があってはならない。ユイに参加しないなどの行為に対し、最終的には村八分などの制裁の手段がとられた。村八分になると、農業用水などが使えなくなるなど、逸脱者の生活や名誉に対して大きなダメージを与えることができた。ここに、相互扶助に参加する動機として、生業を続けるためにメリットが大きかったことと、不参加の時には村八分にされるなどデメリットもあったことが考えられる。

方面委員制度や自治会・町内会の創設時に参考にされた五人組は、強大な権力を保持した為政者が好んだ在来知であった。日本では、古代律令制下の六五二年の「五保の制度」(鳥越 1994：10-18)、または一五九七年に豊臣秀吉が出した「御掟」(煎本 2009：13-14) がその端緒とされる。その後、農村部にも導入されるようになり、治安の維持や隠れキリシタンを取り締まるための役割を担った。ほかにも、人身売買を禁止する、百姓の服装を木綿・紙子(紙製の着物)に限る、とばくの禁止などの規則を設け、五人組のなかで相互に監視させた。河川の管理、道や橋の整備なども、村中総出もしくは五人組の輪番の仕事となった(煎本 2009：45-53)。

幕府・旗本など領主層にとって最も重要なことは、農民を村に縛り付けて安定的に年貢を取り立てることであった。このため、農業をせず遊んでいる者を告発したり追放したりする、村の外に出かける時には五人組に届ける、五人組の組員が年貢を納められないときは連帯責任で他の構成員が納めなくてはならない、年貢米に悪米が混ざらないように監視し合うなどの規定があった。ちなみに、儒教的な価値観が五人組の運営のなかで用いられはじめたのは、一七世紀後半のことであった[12](煎本 2009：65)。

この五人組に組み込まれた人々にとって、近隣の安全を保たれるという意味でメリットがあったといえるが、協力しなかった時のデメリットのほうが大きかったといえる。なぜなら、五人組のなかにキリスト教信者や犯罪者が出たり、かくまったりすると、最悪の場合、五人組の戸主全員が死刑になったからである。普段から近所の人がちゃんと農作業をしているか監視をしなければならない。もし年貢を納められない人がいた場合、余分にその家の分まで納めなくてはならないからだ。いずれにせよ、こうしたデメリットは、無償労働への参加の動機となった。共生の原理ならぬ強制の原理、ネガティブな動機付けによって、相互扶助が成立していたのである。

消えゆくメリットとデメリット

では、現在はどうか。なぜ、地域や家族、職場などにおける人と人とのつながりが弱まっていると認識されているのだろうか。それは古くからの住民組織がおこなう活動への参加はメリットがないと考える者が増え、不参加のデメリットもデメリットと感じる人が減っているからに外ならない。

五人組時代から、「お上」の意向を「下々の者」に伝えることは重要な任務の一つだった（今でも場所によっては頻繁に回覧板が回ってくる）。しかし今では、政府や自治体からの情報はネットなどで容易に得ることができるようになった。また、さまざまな情報であふれかえる現在、こうした情報の価値は相対的に低下したと考える者が増えたのだろう。

たとえば防火・防犯活動なども、アンペイド・パブリック・ワークを主体とした組織によって担われてきた。しかし現在では、火災報知機やガス漏れ報知器、スプリンクラー、監視カメラ、防犯センサーやアラーム、警備会社による各種セキュリティ・サービス等が普及している。これら防火・防犯に関するサービスや商品は、経済的に余裕がある人にとって敷居が高いものではない。また集合住宅にはデフォルトで敷設されている場合が多い。経済的にあまり余裕がない人や、高齢者にとっては購入や設置が難しい場合が多く、アンペイド・パブリック・ワークで支えられる活動へのニーズは高いといえるのかもしれない。

秀吉の「御掟」が伏見城下の治安強化のために出されたように、防犯も重要な活動の一つであり続けた。人の移動が少なかった時代、見かけない怪しい者がいないか見張ることが、その活動の主なあり方であった。こうした手法は、グローバル化が進み、観光立国実現が目指される現在、現実的な方法ではない。とはいえ、事件が発生した時に、テレビでは犯人の住む地域の自治会長へのインタビューが流れるのは、人々が今も地域住民組織に防犯の機能を期待していることの表れなのかもしれない。しかしながら、そこで得られる証言は、「いつも挨拶をする、普通の人」といったものの場合が多い。またガス器具に防火のための安全装置を付けることなどは、拍子木をたたくよりも防火に効果を上げると考える人は多いだろう。そうした人は、アンペイド・パブリック・ワークによって担われる活動の意味を見いだせなくなることもあるだろう。

そもそも、水道・ガス・電気などのライフラインは、アンペイド・パブリック・ワークの参加の有無に関係なく、料金を払えば利用できるのが当たり前な社会である。生きるため、農業を続けるため、農業用水を利用するために、無償労働を提供しなければならなかった時代ではなくなってしまった。

「我が事・丸ごと」地域共生社会実現本部の資料には、地域住民が「我が事」として参画するメリットがあげられている。また高齢者は子育て支援などの役割をもつことによって、病気や認知症の予防に効果が、障害者も活躍する場所をもつことが自立・自己実現に効果があるなどと書かれている（厚生労働省 2016：12）。「予防に効果」といった言葉の響きは、エビデンスと通じているかのようで、単なるメリットとも言いづらい部分もある。

他の一般の人に対しては、地域のなかで「誰もが役割を持ち、それぞれが、日々の生活における安心感と生きがいを得ることができる」、「暮らしの豊かさを高めることができ」（厚生労働省 2017：2）るなどといったメリットがあげられている。しかしながら、職業の不安定化や長時間労働の慣行などにより、参加したくともできない状況が生まれ、コミュニティの希薄化がもたらされたと指摘されるように（Putnam＝2006：229-249）、地域に貢献したくとも時間的に難しい現状がある。性別役割分業意識の変化や、共働きでなければ家計が成り立たない若年世帯が増え、働かない「主婦」のいる家庭は過半数を割っている。これは働き方が根本的に変わらない限り、男性と同様、女性も定年を迎えるまで、地域から引き離されてしまうことを意味する。多忙な若い人々に、彼らの意志に反して「暮らしの豊かさを高めることができ」ると、アンペイド・パブリック・ワークを強いることは、もはや嫌がらせだろう。

また趣味や楽しみが多様化し、子どもと高齢者以外は、地域ではそのニーズを満たしにくくなったことも、地域の結束にダメージを与えたといえるだろう。伝統的な社会には、ハレの場や生業など生活のさまざまな局面において構成員が共に過ごすという環境があった。祭りやそのあとの直来(なおらい)[13]、伝統芸能、講での盛り上がり、助け合いながら田植えを終えた後の達成感などもあった。そんな、密な社会関係だからこそ、相互扶助も成立しえた。穂積も、伝統的な社会では「経済と文化と生活」が「一体を成して居た」（穂積 1943：22）ため、五人組制度が「有効に働いて居た」と指摘している。つまり、今のように「困りごと」があった時にだけ「地域のインフォーマルな社会資源」が駆り出されるようなことはなかった。その証拠に、戦前も、近代化や都市化、産業構造の変化などの影響を受けた都市部では、すでに人と人とのつながりは希薄になっていた（たとえば、友納 1925：178–182；大森 1941：157–158）。

江戸時代の五人組は死刑をはじめとする「御仕置」があり、「組外し」や「組八分」も公的な制裁手段として存在していたが（煎本 2009：145–149）、もちろん今は存在しない。そもそも隣の人と話したことも会ったこともない人にとって、そこにすでにある種の「村八分」が成立していて何の疑問ももっていない。プライバシーを重視する人間にとって、より望ましい環境といえる。このように、決定的な制裁を加える手段、つまりネガティブ・インセンティブとして存在してきたものの多くは、もはや機能しない。

しかしながら、村八分は「現代社会でも陰湿な制裁慣行として脈々と生きて」(『民俗学事典』)いると指摘される。今でも五人組由来のアンペイドワークが立ち上がるとき、この原理の残滓が起動するのをみることがある。[14] 仁平典宏は、町内の清掃を例にあげ、清掃した人と清掃しなかった人の間にある参加の不平等は「〈権力〉問題」として存立すると指摘した(仁平 2003：315)。こうした参加の不平等は、ルール違反などとともに、ある種の「制裁」や「排除」のきっかけとなるのだろう。

また仁平は、アンペイド・パブリック・ワークを担うことは、「地域において自分を『品質証明』するための手段」であったとも述べている(仁平 2003：320)。戸主や「一家の主(あるじ)」として、周囲に認められる(または、参加しないことによって評価を下げる)機会であったことは、戦時下の次のような文章からも想像できる。

娘：お父様には少々苦手でお気の毒ですがネ、毎日曜日の朝は早起作業日と云つて、どの家からも主人公が病気でない限り午前六時にこの前に集まり、総かがりで道路下水ごみ箱の大掃除をするのですつて。(略)

主人：それは少々痛手だネ、よし、おれも男だ、やらうと思へばそれ位の事は何でもない。この機会に総ての生活を改新しよう(岸田 1941：300–301)。

女性にとっても、こうしたアンペイド・パブリック・ワークは、首尾よくこなさなければならないものであった。山崎博編の『文部省制定　婦人礼法の心得』には、「坐り方・起ち方」や服装、言葉遣いにならんで、隣組や常会(隣組が月一回開いた会議)での「礼法」が紹介されている(山崎 1941：123–125)。

戦後、アンペイドワークに女性を従事させることに成功した思考回路の一つに、「母性神話」があった。これと同様に、地域のアンペイド・パブリック・ワークに人々を従事させるために、ネガティブ・インセンティブに加え、参加は承認欲求をみせたる良い機会と位置づける語りが交わされ、儒教の教えや住民の「主体性」や「自発性」（伊豫谷 2013：50）が鼓舞されてきた[15]。

こうした雰囲気を知っている人間は、団塊世代までだろうか。いずれにしても現在、日本全国津々浦々、全ての世代において、地域社会が承認欲求を満たす受け皿になりえるわけではないだろう。

アンペイド・パブリック・ワークの逆機能：排除

村落共同体の相互扶助や五人組の文化の名残は、今もある。たとえば、家庭の事情が考慮されず、また有無をいわせず地域の仕事が家族単位で「平等」に回ってくることがある。こうした仕事は、周りの目が気になって断れない雰囲気があったりする。吉田久一は「東洋思想」が基本にすえられた済世顧問制度や方面委員制度を「日本型社会事業組織」（吉田 1990：98）と呼んだ。また嶋田啓一郎は、封建的な社会関係が温存された日本社会では、健全なボランティア精神は根付かないと断言している（嶋田 1976）。本章でいう五人組の組織法を用いた組織は、吉田のいう日本型社会事業組織であり、嶋田が指摘したような封建遺制の問題が顔をのぞかせることもある。本章で注目するのは、こうした「東洋思想」や政治利用された儒教といったソフトではなく、それが注ぎ込まれた組織の方である。

こうした慣行や、とりわけアンペイド・パブリック・ワークへのネガティブな動機づけの存在は、現在の感覚（資本主義社会・民主主義・消費社会に住む人々）からすると奇異なものであるが、地域共生社会の青写真は、こうした特性の残る社会的資本を利用するものだ。そこで、いくら「従来の封建的な側面を残した地域に縛り付けるものでもない」（厚生労働省 2017：4）などと書かれていても、現実味はなく、逆にコミュニティの雰囲気は悪くなるのではないかと心配になる。

ロバート・パットナムは、社会関係資本を外部に開かれた「橋渡し型（Bridging）」と内向きで排他的な「結束型（Bonding）」とに大別し、後者の危険性を指摘した（Putnam 2000：19）。また人と人とのつながりが希薄になっていくにつれて、働く女性や異人種間の結婚、ＬＧＢＴへの寛容性が増し、個人的な自由が確保されるという現象も考察の対象とする。第二次世界大戦のさなか町内会や隣組の結束を呼び掛ける天崎紹雄は、「われらの生活のあらゆる面に在る『私』的なものを、今こそ徹底的に克服し、撃滅し、清算し、止揚し」（天崎 1943：5）、「無我」を発揚せよ（天崎 1943：10）と、その「文化」を「醸成」することの重要性を説いた。浄土宗の僧で仏教学者、「共生会」を主宰する椎尾辨匡は、「之から財物がもっと逼迫して来れば、隣組も生きてくるのであります」（椎尾 1941：58）と予言した。戦時中や震災といった極端な物資の欠乏や緊急事態がコミュニティの結束に結実する。確かに隣組の時代は、自由とコミュニティの結束は相反する関係にあった。

多様性の尊重と社会的結束は両立しうるかという第五章の問いと重なるが、コミュニティのつながりを強めるためには、自由というコストを払わなければならないのか。パットナムは、この問いに対し、社会関係資本と自由や多様性への寛容さは共生しえると述べる（Putnam 2000：433-441）。自由や多様性への寛容さと共生関係にある社会関係資本といったときに、五人組の影響を残すようなものを想定していたかどうか不明瞭で、こうした組織において多様性の尊重が実現できるか明らかにされなければならない。

とはいえ、こうした組織において、実際目に付くのは多様性への不寛容である。人種や性別など「多様性の尊重」といった時に想定される差異以前の、より狭隘な差異にさえ不寛容である。五人組の名残のある組織の一つといえるPTAの活動を例にあげてみよう。これまでPTAは、保護者のニーズを満たしてきたし[16]、今も少なからぬ人が積極的に活動している。しかしながら現在、働く母親と外で働かない主婦の間に微妙な亀裂が走ることがよくある。働いているのを「いいこと」に、PTA活動をしないのは「わがまま」で「ずるい」というわけだ。たとえその働く母親がシングルマザーで忙しくとも容赦ない。また母語が異なる人に対しても、白人など人種が異なる場合は免除されても、アジア系の母親に対しては日本語が母語の人と同じ要求がなされていたのを見たことがある。母親が日本人の場合は、もちろん活動要員として見なされる。無償労働を免除してもらえた外国人家庭にしても、ある意味で排除されているといえる。

イエ単位で「平等」にアンペイド・パブリック・ワークが割り振られるような、古くからの慣習が事態を悪化させる。新しい提案を出す者に対しては冷ややかな目が向けられる。おそらく、配分されるアンペイド・ワークが増えることになるからだろう。これからコミュニティができようとする場が、殺伐とした雰囲気になってしまうことは日本の不幸である。既存の組織をそのままに、多様性の尊重の実現を試みることも大切なのだろうが、組織の文化や設計のあり方そのものも再考を迫られるだろう。

民俗学者の宮本常一は『忘れられた日本人』(一九六〇)のなかで、このように記している。

　同じように百姓していて、田植にも草とりにも稲刈にも同じ田の面で働いていると、どこの誰がどんなに働いているかも一目でわかって、うかうかとなまけることすらできない。そうした世間に調子をあわせて生きるとなると、個々の生活にいろいろ無理も起こってくる(宮本 1984：40)。

「世間」の目が気になって、間断なく農作業を続けなくてはならず、「いろいろ無理も起こ」る。続いて宮本は、「そうした生活の救い」になった人びとの風習を紹介している。祭や宴の折の「前後を忘れた馬鹿さわぎ」や、「世話焼きばっぱ」の助けや、呪い人形を五寸釘で打ち込むことや、「観音講のおこもり」と称した「年寄りだけの泣きごとの講」など。最後の講は、生活上のストレスを発散させたり悩み事を共有したりする高齢女性の集まりで、現在の言葉に言い換えると、セルフヘルプグループのようなものであったのだろう。現在と同様に、「守秘義務」的な暗黙の了解さえあった。

祖母が生前、よく口にした言葉に「あんまり、コンをつめすぎたらあかんよ」というのがあった。母がむかし針仕事をしていたときや、私が仕事をしていたりすると、そんなに長い時間でなくとも、こう言った。「コンをつめる」と肩が凝り、「肩風邪」をひくという。思えば、権力者の在来知ではない、逆にそれらがもたらした逆境を上手く乗り切るような、こうした「人びと」の知こそが重要ではないだろうか。

また古い在来知の影響のある組織に留まる限り[17]、人は目の前の家族や地域といった単位の課題が主な関心になる。江戸時代では犯罪者が組から出ると連帯責任として罪を償わねばならなかったし、怠け者がいると代わりに年貢を納めることになった。このため身近な人の労働や私生活を何気なく監視し、ルール違反者や無償労働の不履行者を非難することは、自らに課せられたいわば公務であった。時に、その「与太者」を予防的に離縁し勘当し排除してきた。年貢収入を安定させたい「お上」から課せられた相互扶助は、もともと親しく付き合う仲でなされた場合もあっただろうが、そうでないこともあった。そうした関係でなされる相互扶助において、たとえ病気などやむを得ない理由で年貢が収められなかったり、土木工事に参加できなかったりしても、「人様に迷惑をかけた」ことになる。

そこに問題があったとするなら、「周りに迷惑をかけてはならない」という発想や規範が最も存在感があるものとなり、今も自助を介さない「社会的なもの」に対する想像力が育ちにくいことだろう。現在も五人組という在来知の影響がわずかに残るアンペイド・パブリック・ワークが存続していることは、この事態を温存する環境が整っているといえる。一方で、五人組に由来する組織が社会の変化に合わせて不可避的に、徐々に弱体化していっているのは確かである。こうした状況を鑑みると、ソーシャルワークのグローバル定義で重視されるといって、安易に在来知を賞賛することは危険である。在来知の影響を受けたアンペイド・パブリック・ワークが機能不全に陥っているにも関わらず、真の「社会的なもの」に無頓着である社会だけは避けねばならない。また死人が出る。

（1）　鳥越皓之は、本書で「五人組の影響が残る現在の組織」などと表記する組織の一つ、自治会・町内会について、江戸時代またはそれ以前からの歴史的な流れの中に位置付けて俯瞰し、明治期以降は地方自治制度に取り込まれたと指摘した（鳥越 1994）。

（2）　同様の指摘に、仁平（2003：323）。また高島（2009）は、本書でいうアンペイド・パブリック・ワークを「地域社会レベルのアンペイドワーク」とし、アンペイドワーク論につなげている。ある地方自治体の男女共同参画室の資料では、自治会における女性の参画について、「性別による固定的な役割分担」「役員選挙」などで「格差がある」として問題視されている（藤田 2016）。その要因として「社会的なしきたりやならわし」「古い考え方の方が多い？」があげられ、男女共同参画室としては、その格差を是正するべきとの立場が表明される。また総務省のホームページでは、「女性消防団員の活躍推進」に向けて取り組んでいると書かれている。アンペイドワークの議論において、女性がアンペイドワークに従事することが多いことを指摘し是正を求めるものであったが、アンペイド・パブリック・ワーク領域における女性の活躍を促進することは、場合によって女性にさらなる負担を要求するもので、アンペイドワーク論にあった女性の負担を減らすという方向性と食い違ってくる。

（3）最近は消防団員の活動に報酬が出るようになったが、個人の団員には支払われず親睦を目的とする飲み会や旅行で消えてしまうケースもまだあるそうだ（『朝日新聞』二〇一六年一〇月一日）。当初は持ち出しが多かったという民生委員の活動も、近年では必要経費は支払われる。

（4）一九八五年定義は「ソーシャルワークは（略）専門職である」という一文、二〇〇〇年の定義は「ソーシャルワーク専門職（The social work profession）」の語からはじまっている。

（5）二〇〇〇年の民生委員法の改正により、民生委員は「名誉職」から「給与を支給しない」となったが、中国共産党の居民委員会の委員は有給であるという。

（6）日本でも、五人組的な組織が人口政策に関わったことがある。一九四一年、企画院・厚生省を中心に人口政策確立要綱が決定された。これは「我国人口の急激にて且つ永続的な発展増殖と其の資質の飛躍的なる向上とを図る」ために、婚姻年齢を三年早め、一夫婦の出生数を四児から五児へ引き上げることなどを目標にするものであった。『隣組動員の書』（戦時生活研究所編 1941：2）では、「国民貯蓄の奨励、食糧増産と節米運動、資源愛護（略）、人口政策に至るまで、隣組が一切の実践単位」（戦時生活研究所編 1941：2）とされ、人口問題が「強調」されている（戦時生活研究所編 1941：180-203）。

（7）五人組と同じルーツを持つ保甲制度を、フーコーの権力論を下敷きにして批判的に捉える研究が散見される。Zhu（2003：67）など。また台湾など植民地支配のツールと位置付けた同様の論考も多い。

（8）関西社会福祉学会の二〇一六年度年次大会シンポジウムで、勝部麗子（社会福祉法人豊中市社会福祉協議会）から「好き好んで自治会の活動をする人は少ないので、どうにかしなくてはならない」といった趣旨の発言があった。

（9）「役職を名誉欲を以て貪求しようとする者もあるかも知れないが、大部分は役職から逃げようとする。暇が無いといふ。今時暇のある人間は余程歪んだ生活をしてゐる者なのだ」（天崎 1943：204）とあるように、隣組の時代も人材を探すのに苦労していたようである。したがって、この「変化」は今にはじまったものではない。とはいえ、隣組の時代も今も地域差はある。

（10）たとえば、『奇異雑談集』（一六八七年、茨木多左衛門）の巻二に収められた「獅子谷にて、鬼子を産し事」など。

（11）「介護殺人」の発生件数は、一九九八年から二〇一五年の間で七一六件であったという（湯原 2016）。二〇一五年は四一件発生しており、近年は四〇人から五〇人の間で推移している。これは殺人全般の動機・原因の「憤怒」（四三・四％）「怨恨」（一五・八％）に続いて、「看護・看病疲れ」が第三位（五・七％で「動機不明」と同率）に入っている（法務省 2013：11）。これに対し、二〇一六年のイギリスでのテロ被害者のうち死亡した人数は九人、二〇一七年は二〇一六年を上回るペースで、八月現在、すでに三〇人ほどの犠牲者を出している（The Global Terrorism Database：https://www.start.umd.edu/gtd/）。

(12) 五人組は支配の組織であったが、血縁的な社会が基本であった村を、地縁的に結ばれる百姓の村に変化させたという（煎本 2009：33）。したがって、social work や social capital の意味するところの the social でないにしても、ある種の「社会的なもの」、公的な領域が生まれたという点で注目に値するといえるのかもしれない。つまり五人組はインフォーマルな相互扶助というより、フォーマルな組織内部での相互扶助であった。

(13) 祭事が終わってのち、供え物の神酒（みき）・新撰（しんせん）を下げて酒食する宴（『大辞泉』）。

(14) 振り分けられたアンペイド・パブリック・ワークを拒否した時に起こった「つるしあげ」の顛末が具体的に綴られたものとして、紙屋（2014）。明文化されないが、逸脱者もしくはアンペイド・パブリック・ワークの不履行者に対し、罵詈雑言を浴びせたり、陰口をたたいたりと制裁をおこなうことは、相互扶助関係における一つの公的な業務であったのではないだろうか。

(15) 母性神話が解体しても、児童虐待などの例外を除いて、親子の愛は存続し続けるように、共同性を称揚するための神話が消滅しても、地域の人と人とのつながりは残るだろう。

(16) 戦後、ＰＴＡで「母親文庫」という、母親たちによる読書会があった。農作業や姑の目から逃れて、子どもの教育のためという名目で読書ができることは、当時の母親にとって貴重な時間であったという（山﨑 2015）。また、専業主婦が多数派であった時代は、「ヨメ」が気後れせずに家を留守にできる、公的な活動、交流、自己実現の場として存在した面もあり、ＰＴＡの存在価値は今以上であったのだろう。

(17) 近代化以降、五人組を型にした組織のあり方も変化をとげてきた。たとえば、隣組が導入された戦時中には、隣組を構成する家族の間にある貧富の差や社会的地位の違いは無視するべきものとされていた。隣組で月に一回開催される会議には、「社会的な地位や名誉の殻をぬいで、一組員として出席する」べきとマニュアル的な文書に記載されたほどである（東京市市民局町会課編 1940：18）。地域のなかで、貧困問題には基本的に方面委員が対応するという役割分担が根付きはじめたようだ（天崎 1943：106-107）。これに対して江戸時代の五人組は、意図的に貧者と富者とが助け合うように組み合わされていた（煎本 2009：77-92）。富者が近隣の貧者を助けるという構図は、岡山の済世顧問制度のなかにはまだ見られた（古沢 1921：103）。

おわりに

本書は、博士論文「ソーシャルワークの専門職化の過程に関する研究――ソーシャルワーク理論とグローバル定義にみる知の変容」（二〇一七年、大阪市立大学大学院生活科学研究科、論文博士）の第二部の一部が元となっている。この博士論文第二部のうち本書に含まれる部分の初出は以下である。

① 三島亜紀子（2015）「ソーシャルワークのグローバル定義における多様性（ダイバーシティ）の尊重――日本の社会福祉教育への『隠れたカリキュラム』視点導入の意義」『ソーシャルワーク学会誌』第三〇号。

② 三島亜紀子（2016）「ソーシャルワークのグローバル定義にみる知の変容――『地域・民族固有の知（indigenous knowledge）』とはなにか?」『社会福祉学』第五七巻第一号。

③ 三島亜紀子（2016）「ソーシャルワークのグローバル定義における「社会的結束（Social Cohesion）」に関する考察――リスク管理がもたらすジレンマ」『ソーシャルワーク学会誌』第三三号。

①は本書の第四章、③は第五章に当たる。博士論文の第一部はすでに出版済み（三島 2007）であったので、五章から構成される第二部のうち三章のみの書籍化となった。このため原稿の枚数が少なく、加筆する必要があったため、②の文字数を三倍以上増やし、第一章から第三章になった。それ以外は、新たに執筆したものである。

*

本研究を進めるに当たり、学会や研究会などで報告したり、学会誌に投稿したり、授業でも取り上げたりしました。その際、ご指導やコメント、フィードバックを下さったすべての方々に、心よりお礼申し上げます。

また、博士論文を作成する際に、ご指導くださいました、大阪市立大学大学院生活科学研究科の故岩間伸之教授（主査）、岡田進一教授（主査・副査）、大西次郎教授（副査）、所道彦教授（副査）に深く感謝申し上げます。なお、上記に述べた理由から、書籍化する際に大幅に加筆いたしましたので、本書のすべての責任は筆者にあります。

岩間伸之先生は、私の博士論文の公聴会の後に急逝されました。次にお会いするのは、大阪・中之島の中央公会堂で開かれる学位授与式かな、と暢気に考えていたのですが、かないませんでした。私の報告に続いて開かれた中根真先生の博士論文公聴会で、いつものように熱心にお仕事しているお姿が私の目にした最後となりました。

亡くなる三か月ほど前に発行された日本ソーシャルワーク学会の冊子に、岩間先生は「『共助』『支え合い』『新しい公共』といった住民による相互支援活動を包含した施策」の動向に関して強い危機感を募らせつつ、以下のように書かれました。

社会福祉施策に対してソーシャルワーク理論がどのように寄与できるのか（岩間 2016：1）。

岩間先生にとって、私は最後の、そして一番の不肖の弟子だと自認しています。そんな不肖の身ながら、この先生の最期の問いに対して応えるようなつもりで第六章と終章を書きました。これらの章が学術論文としては少し行儀が悪くなってしまっているのは、こうした事情によります。

勁草書房の編集者・橋本晶子氏には、前書に引きつづいてお世話になりました。的確なコメントと校正に感謝いたします。

最後に、私の家族に「ありがとう」といいたいと思います。

二〇一七年六月一七日

三島亜紀子

事項索引

た行

な行

は行

ま行

や行

ら行

人名索引

参 考 文 献

A

ABC News（2005）State Secret: Thousands Secretly Sterilized, *ABC News*, May 15（http://abcnews.go.com/WNT/Health/story?id=708780, 2015. 7. 25）.

安達智史（2008）「イギリスの人種関係政策をめぐる論争とその盲点——ポスト多文化主義における社会的結束と文化的多様性について」『フォーラム現代社会学』7, 87-99.

安達智史（2009）「ポスト多文化主義における社会統合について」『社会学評論』60（3）, 433-448.

安達智史（2011）「新労働党の『テロリズム防止』政策の批判的検討——ポスト・テロ時代の社会統合について」『フォーラム現代社会学』10, 135-147.

秋元樹（2009）「ソーシャル・ワークの伝承」『社会福祉』50, 11-25.

秋元樹（2015）「あなたは世界定義を受け入れられるか？——『専門職ソーシャルワークでないソーシャルワーク』を例に」『ソーシャルワーク研究』41（3）, 187-198.

秋元樹研究代表（2014）「ソーシャルワークの第３ステージ，アジアにおけるソーシャルワーク教育の国際化及び現地化（インディジナイゼイション）に関する研究」日本社会事業大学（国際連携・国際共同研究事業）.

Al Jazeera（2012）Tendenko: Surviving the Tsunami,（http://www.aljazeera.com/programmes/witness/2011/11/20111114121620284203.html, 2017. 1. 30）.

天崎紹雄（1943）『隣組の文化』堀書店.

青木人志（1998）「動物虐待罪の日仏比較法文化論」『一橋大学研究年報　法学研究』31, 141-237.

Asian and Pacific Association for Social Work Education（APASWE）, Social Work Research Institute Asian Center for Welfare in Society（ACWelS）and Japan College of Social Work（2012）*International Symposium International Definition of Social Work Review: A Voice from Asia and the*

Pacific, 21st Asia-Pacific Social Work Conference.（http://www.apaswe.com/index.php/en/download?download=34:ciono13, 2016. 6. 11）.

B

包敏（2005）「中国におけるソーシャルワーク専門教育の現状と課題」『広島国際大学医療福祉学科紀要』1, 69–76.

Behlmer, George G.（1982）Child Abuse and Moral Reform in England, 1870–1908, Stanford University Press.

Bhabha, Homi K.（1994）The Location of Culture, Routledge. ＝2005，本橋哲也他訳『文化の場所：ポストコロニアリズムの位相』法政大学出版局.

Booth, William.（1890）In Darkest England and The Way Out, Diggory Press. ＝1987，山室武甫訳『最暗黒の英国とその出路』相川書房.

Bush, Barbara（2006）Imperialism and Postcolonialism, Pearson Longman.

C

Cantle, Tedd（2001）*Community Cohesion: A Report of the Independent Review Team.*（http://dera.ioe.ac.uk/14146/1/communitycohesionreport.pdf, 2015. 12. 24）.

Carlyle, Thomas（1843）*Past and Present*, Chapman and Hall.

Cheong, Pauline H., Edwards, R., Edwards R., Goulbourne, H. and Solomos, J.（2007）Immigration, social cohesion and social capital: A critical review, *Critical Social Policy*, 27（1）, 24–49.

Council of Social Work Education: CSWE（2008）*Educational Policy and Accreditation Standards.*（http://www.cswe.org/File.aspx?id=41861, 2014. 12. 19）.

Crey, Ernie and Fournier, Suzanne（1998）*Stolen From Our Embrace: The Abduction of First Nations Children and the Restoration of Aboriginal Communities*, Douglas & McIntyre.

D

Dahrendorf, Ralf（1995）*Report on Wealth Creation and Social Cohesion in a Free Society*, Commission on Wealth Creation and Social Cohesion.

Dominelli, Lena（2012）Globalisation and Indigenisation: Reconciling the Irrec-

oncilable in Social Work, Lyons, K., Hokenstad, T., Pawar, M., Huegler, N. and Hall, N. eds., Sage *Handbook of International Social Work*, Sage, 39-55.

Durkheim, Émile（1893）*De la Divsion du Travail Social: Étude sur L'organisation des Sociétés Supérieures.* =1971，田原音和訳『社会分業論』青木書店.

E

Eisner, Elliot W.（2002）*The Educational Imagination: On the Design and Evaluation of School Programs, 3rd ed.*, Macmillan.

遠藤興一（1995）「『社会問題救恤十訓』『社会事業と方面委員制度』解説——社会福祉実践の日本的形態を求めて」『戦前期社会事業基本文献集⑱『社会問題救恤十訓』『社会事業と方面委員制度』』日本図書センター，1-13.

遠藤興一（1977）「民生委員制度の歴史」『社会福祉研究』21, 39-45.

遠藤正敬（2013）「満洲国統治における保甲制度の理念と実態——「民族協和」と法治国家という二つの国是をめぐって」『アジア太平洋討究』20, 37-51.

榎澤幸広（2006）「オーストラリア“盗まれた世代”判決とジェノサイド」『工学院大学共通課程研究論叢』44（1）, 45-59.

Equality Challenge Unit: ECU（2013）*Equality in Higher Education: Statistical Report 2013*,（http://www.ecu.ac.uk/publications/equality-in-higher-education-statistical-report-2013/, 2014. 12. 19）.

Equality Challenge Unit: ECU（2014）*Who We Are*,（http://www.ecu.ac.uk/about-us/who-we-are/, 2014. 12. 19）.

Esping-Andersen, Gøsta（1999）*Social Foundations of Postindustrial Economics*, Oxford University Press. =2000，渡辺雅男・渡辺景子訳，『ポスト工業経済の社会的基礎——市場・福祉国家・家族の政治経済学』桜井書店.

F

Faith, Erika（2008）Indigenous Social Work Education: A Project for All of Us?, Gray, Mel, Coates, J. and Yellow Bird, M. eds., *Indigenous Social Work around the World: Towards Culturally Relevant Education and Practice*, Ashgate, 245-256.

Ferguson, Iain（2008）*Reclaiming Social Work: Challenging Neo-liberalism*

and Promoting Social Justice, SAGE Publications. ＝2012，石倉康次・市井吉興監訳『ソーシャルワークの復権：新自由主義への挑戦と社会正義の確立』クリエイツかもがわ.

Flexner, Abraham（1915）Is Social Work a Profession?, *Proceedings of the National Conference of Charities and Correction*, 42, 576-590.

Foucault, Michel ed.（1973）*Moi, Pierre Rivière, ayant égorgé ma mère, ma soeur, et mon frère: Un cas de parricide au XIX siècle*, Gallimard. ＝1986, 岸田秀・久米博訳『ピエール・リヴィエールの犯罪――狂気と理性』河出書房新社.

Foucault, Michel（1975）*Surveiller et Punir: Naissance de la Prison*, Gallimard. ＝1977，田村俶訳『監獄の誕生――監視と処罰』新潮社.

Foucault, Michel（1994）Dits et Ecrits 1954-1988, Edition etablie sous la direction de Daniel Defert et Francois Ewald, ed., Gallimard. ＝2000，上田和彦訳「十九世紀司法精神医学における『危険人物』という概念の進展」蓮實重彦・渡辺守章監修／小林康夫・石田英敬・松浦寿輝編『ミシェル・フーコー思考集成 VII　1978　知／身体』筑摩書房.

藤原辰史（2010）「貧民窟の食生活――松原岩五郎『最暗黒の東京』」『人文』57, 11-13.

藤田恵（2016）「ジェンダーに関する学習会――私たちの身近な地域（町内）では」草津市総合政策部男女共同参画室（https://www.city.kusatsu.shiga.jp/kurashi/jinken/danjosankaku/2016gakusyuukai.files/daiyonnkaisiryou1.pdf, 2017. 9. 11）.

藤原正子（2014）「ソーシャルワーク，教育及び社会開発に関する合同世界会議 2014 参加報告」（http://www.jascpsw.jp/20140807sekaikaigihoukoku.pdf, 2015. 7. 25）.

福岡浩（2014）「頻発する自然災害とどう向き合うか――サバイバビリティ科学のすすめ」『世界平和研究』203（http://www.pwpa-j.net/opinion/civilization20_fukuoka.html, 2015. 7. 25）.

古沢俊次（1921）『阪神社会事業概観』古沢俊次.

法務省（2013）「法務総合研究所研究部報告 50」（http://www.moj.go.jp/content/000112398.pdf, 2017. 9. 11）.

G

Gallagher, Hugh G. (1995) *By Trust Betrayed: Patients, Physicians, and the License to Kill in the Third Reich*, Vandamere Press. =1996, 長瀬修訳『ナチスドイツと障害者「安楽死」計画』現代書館.

Giddens, Anthony (1999) *Runaway World*, 1999 BBC Reith Lectures. (http://news.bbc.co.uk/hi/english/static/events/reith_99/week2/lecture2.htm, 2015. 12. 24).

Gray, Mel (2005) Dilemmas of International Social Work: Paradoxical Processes in Indigenisation, Universalism and Imperialism, *International Journal of Social Welfare*, 14 (3), 231-238.

Gray, Mel and Coates, John (2008) From 'Indigenization' to Cultural Relevance, Gray, M., Coates, J. and Yellow Bird, M. eds., *Indigenous Social Work around the World: Towards Culturally Relevant Education and Practice*, Ashgate, 13-29.

Gray, Mel, Coates, J. and Yellow Bird, M. (2008) Introduction, Gray, M., Coates, J. and Yellow Bird, M. eds., *Indigenous Social Work around the World: Towards Culturally Relevant Education and Practice*, Ashgate, 1-10.

Gray, Mel and Fook, Jan (2004) The Quest for a Universal Social Work: Some Issues and Implications, *Social Work Education*, 23 (5), 625-644.

Gray, Mel, Yellow Bird, M. and Coates, J. (2008) Towards an Understanding of Indigenous Social Work, Gray, M., Coates, J. and Yellow Bird, M. eds., *Indigenous Social Work around the World: Towards Culturally Relevant Education and Practice*, Ashgate, 49-69.

郭芳 (2014)『中国農村地域における高齢者福祉サービス――小規模多機能ケアの構築に向けて』明石書店.

Guru, Surinder (2010) Social Work and the 'War on Terror', *British Journal of Social Work*, 40 (1), 272-289.

Guru, Surinder (2012) Under Siege: Families of Counter-Terrorism, *British Journal of Social Work*, 42 (6), 1151-1173.

H

原順子（2011a）「文化モデルアプローチによる聴覚障がい者への就労支援に関する考察――ソーシャルワーカーに求められるろう文化視点」『社会福祉学』51（4）, 57–68.

原順子（2011b）「聴覚障害ソーシャルワーカーのカルチュラル・コンピテンスに関する一考察」『四天王寺大学紀要』52, 87–98.

原泰一（1941）『方面事業』常盤書房.

Hare, Isadora（2004）Defining Social Work for the 21st Century: The International Federation of Social Workers' Revised Definition of Social Work, *International Social Work*, 47（3）, 407–424.

Harris, John and White, Vicky（2014）*A Dictionary of Social Work and Social Care*, Oxford University Press.

Hartman, Ann.（1993）The Profession is Political, *Social Work*, 38（4）, 365–366, 504.

橋本明（2013）「中村治『洛北岩倉と精神医療：精神病患者家族的看護の伝統の形成と消失』――マンネリ精神医療史を打ち破る新たな『岩倉』像」『生涯発達研究』6, 93–94.

林市蔵（1918）「方面委員の設置に就て」『救済研究』6（10）, 987–997.

はづき（2017）『こども食堂のようなファミごはん改め　あまなつだれでも食堂報告書 2017』あまなつだれでも食堂 19–24.

Healy, Lynne M.（2001）*International Social Work: Professional Action in an Interdependent World*, Oxford University Press.

Higher Education Funding Council of England: HEFCE（2014）*Widening participation of students in receipt of DSA*.（http://www.hesa.ac.uk/index.php?option=com_content&task=view&id=2062&Itemid=141, 2014. 4. 15）.

Hills, Joseph（1995）*Inquiry into Income and Wealth*, Joseph Rowntree Foundation.

平塚良子（2015）「書評　空閑浩人著，ソーシャルワークにおける「生活場モデル」の構築――日本人の生活・文化に根ざした社会福祉援助」『社会福祉学』56（2）, 169–171.

廣井辰太郎（1899a）「誰か牛馬の為に涙を濺くものぞ」『太陽』5（17）, 174–176.

廣井辰太郎（1899b）「誰か牛馬の為に涙を濺くものそ（承前）」『太陽』5（18），171-175.

廣井辰太郎（1899c）「動物保護論」『中央公論』14（12），7-14.

廣井辰太郎（1902）「動物虐待防止会に対する誤解に就いて」『中央公論』17（5），15-21.

北海道環境生活部（2013）「平成25年北海道アイヌ生活実態調査報告書」（http://www.pref.hokkaido.lg.jp/ks/ass/new_jittai.htm, 2015. 2. 5）.

Home Office（2004）*Statistics on Race and the Criminal Justice System*, Home Office.

Home Office（2005）*Life in the United Kingdom: A Journey to Citizenship*, Home Office.

Honneth, Axel（1992）*Kampf um Anerkennung*, Suhrkamp. ＝2003，山本啓・直江清隆訳『承認をめぐる闘争』法政大学出版局.

穂積陳重（1921）『五人組制度論』有斐閣.

穂積重遠（1943）『五人組と大東亜共栄圏』啓明会.

I

一番ヶ瀬康子（1970）「社会福祉学とはなにか――試論として」『思想』547, 38-54.（再録：2011，『リーディングス　日本の社会福祉①　社会福祉とはなにか――理論と展開』日本図書センター，89-117）.

市野川容孝（1999）「福祉国家の優生学――スウェーデンの強制不妊手術と日本」『世界』661, 167-176.

市野川容孝（2006）『社会』岩波書店.

IFSW（2001）「ソーシャルワークの定義」（https://www.jacsw.or.jp/01_csw/08_shiryo/teigi.html）.

IFSW（2006）*50 years of International Social Work.*（http://cdn.ifsw.org/assets/ifsw_53012-4.pdf, 2015. 7. 25）.

IFSW, EASSW and CyASW（2005）*Social Work 2005.*（http://www.assnas.it/docs/cipro.pdf, 2015. 12. 24）.

IFSW and IASSW（2004）*Ethics in Social Work：Statement of Principles.* ＝2004，岩崎浩三・星野晴彦訳「ソーシャルワークにおける倫理――原理に関する声明」（http://www.jasw.jp/kokusaiinfo/IFSWrinrikouryou.pdf, 2017. 6. 16）.

IFSW and IASSW（2014）*Global Definition of the Social Work Profession.* = 2014, 日本社会福祉教育学校連盟・社会福祉専門職団体協議会訳「ソーシャルワークのグローバル定義（2014年5月IASSW提出済み最終版）」.

IFSW, IASSW and ICSW（2012）*Japanese Global Agenda for Social Work and Social Development: Commitments to Actions.*（http://www.icsw.org/images/docs/GlobalAgenda/GA_J_8Mar.pdf, 2015. 12. 24）.

IFSWE（2005-2006）*Statement on Social Work: Promoting Social Cohesion in Europe.*（http://cdn.ifsw.org/assets/statement_on_social_cohesion.pdf, 2015. 12. 24）.

IFSWE（2006）*Social Work and Social Cohesion in Europe: A Project of the International Federation of Social Workers-European Region, Draft Final Report.*（http://cdn.ifsw.org/assets/FINAL_Soc_Coh_Report_-_agenda_item_4.2.pdf, 2015. 12. 24）.

池田敬正（1986）『日本社会福祉史』法律文化社.

池本美和子（1998）「二つの社会連帯――戦前日本の社会連帯思想とフランスの社会連帯主義」『佛教大學大學院紀要』26, 319-333.

池本美和子（2005）「第2部　日本福祉史――おおやけ（公）, 社会連帯, 社会事業の概念の変遷」岩崎晋也・池本美和子・稲沢公一著『資料で読み解く社会福祉』有斐閣, 97-187.

今井小の実（2009）「方面委員制度とストラスブルク制度――なぜエルバーフェルトだったのか」*Human Welfare*, 1, 5-18.

今井小の実（2013）「なぜ方面委員は“Female Professional”として成立しなかったのか――大阪府の『方面婦人保護委員』創設案の史料を通して」『社会事業史研究』43, 5-26.

井上哲次郎（1923）「優生學の應用と道徳心の養成」『社会事業』7（3）, 2-7.

Ioakimidis, Vasilios（2013）Beyond the Dichotomies of Cultural and Political Relativism: Arguing the Case for a Social Justice Based ‘Global Social Work’ Definition, *Critical and Radical Social Work*, 1（2）, 183-199.

煎本増夫（2009）『五人組と近世村落――連帯責任制の歴史』雄山閣.

伊勢田哲治（2009）「明治期日本の動物愛護運動を生んだ『外圧』――英字新聞の言説分析から」研究代表者・伊勢田哲治『歴史文献研究をベースとした日本的動物倫理学の構築研究　平成19年度～平成20年度科学研究費補助金（基盤研究C）報告書』4-12.

伊勢田哲治（2016）「『動物愛護』という概念の成立と『動物愛護』的倫理」（http://blog.livedoor.jp/iseda503/archives/1856196.html, 2017. 6. 16）.

石川謙（1930）『五人組から隣組へ』西村書店.

石河久美子（2010）「多文化ソーシャルワーク――理論と実践の発展に向けて（学会企画シンポジウム　グローバル化の中の社会福祉：貧困・格差・排除を超えて）」『社会福祉学』51（2），108-111.

石河久美子（2012）『多文化ソーシャルワークの理論と実践――外国人支援者に求められるスキルと役割』明石書店.

板橋春夫（2014）「逸脱と制裁」民俗学事典編集委員会『民俗学事典』丸善.

岩倉病院史編集委員会（1974）「岩倉病院史――その1」『精神医療』4（1），57-96.

岩間伸之（2016）「巻頭言　包括的な相談支援体制をめぐる動向とソーシャルワーク理論」『J. S. S. S. W. NEWS』日本ソーシャルワーク学会.

岩本華子（2011）「方面委員制度・活動へのケースワーク導入――1917年から1931年に焦点づけて」『社会問題研究』60（139），37-48.

岩崎佐一（1917）「動物虐待防止運動」『救済研究』5（12），1399-1411.

岩崎佐一（1918）「再び動物虐待防止運動に就て」『救済研究』6（2），176-180.

伊豫谷登士翁・齋藤純一・吉原直樹（2013）「コミュニティ研究の射程と，現代への問いかけ」伊豫谷登士翁・齋藤純一・吉原直樹著『コミュニティを再考する』平凡社，126-192.

伊豫谷登士翁（2013）「豊かさを共有できた時代の終焉」伊豫谷登士翁・齋藤純一・吉原直樹著『コミュニティを再考する』平凡社，47-88.

J

Jakson, Philip W.（1968）*Life in Classrooms*, Rinehart and Winston.

Jenson, Jane（1998）*Mapping Social Cohesion：The State of Canadian Research*, Strategic Research and Analysis Directorate, Department of Canadian Heritage and Canadian Policy Research Networks, CPRN Study No. F/03.

Jenson, Jane（2010）*Defining and Measuring Social Cohesion*, Commonwealth Secretariat and United Nations Research Institute for Social Development.（http://www.unrisd.org/80256B3C005BCCF9/search/170C271B7168CC30C12577D0004BA206?OpenDocument, 2015. 12. 24）.

Johns, Nick and Jordan, Bill (2006) Social Work, Merit and Ethnic Diversity, Social Work, Merit and Ethnic Diversity, *British Journal of Social Work*, 36 (8), 1271-1288.

Jones, David N. and Truell, Rory (2012) The Global Agenda for Social Work and Social Development: A Place to Link Together and be Effective in a Globalized World, *International Social Work*, April 4, 1-19.

K

加川充浩（2015）「戦後福祉行政の創設期における社会福祉専門職をめぐる議論—兵庫県所蔵行政文書をもとに」『島根大学社会福祉論集』5, 21-39.

賀川豊彦（1915）『貧民心理の研究』警醒社書店.

加賀谷真澄（2012）「ウィリアム・ブースと明治日本の知識人との近接——『日本之下層社会』誕生の背景」『文学研究論集』30, 49-63.

紙屋高雪（2014）『“町内会”は義務ですか？——コミュニティーと自由の実践』小学館.

金井敏（2008）「制度創設 90 周年を迎えた民生委員・児童委員の機能を問う——期待と実態のはざまで」『社会福祉研究』101, 10-19.

金井敏（2010）「地域におけるニーズ把握とリサーチ（調査）技法——3 つのニーズに着目して」『ソーシャルワーク研究』35 (4), 23-30.

金子光一（2012）「エピローグ」一般社団法人日本社会福祉学会『対論　社会福祉学 1——社会福祉原理・歴史』中央法規出版，260-266.

苅谷剛彦（2005）『学校って何だろう——教育の社会学入門』筑摩書房.

片岡信之（2015）「ソーシャルワークのグローバル定義における新概念と翻訳の問題」『ソーシャルワーク研究』41 (2), 146-152.

加山弾（2014）『地域におけるソーシャル・エクスクルージョン——沖縄からの移住者コミュニティをめぐる地域福祉の課題』有斐閣.

木畑和子（1989）「第 2 次世界大戦下のドイツにおける「安楽死」問題」井上茂子・木畑和子ほか著『1939——ドイツ第三帝国と第二次世界大戦』同文舘出版，243-283.

木村晴美・市田泰弘（1996）「ろう文化宣言——言語的少数者としてのろう者」『現代思想』24 (5), 8-17.

木村真理子（2015）「ソーシャルワークのグローバル定義と社会福祉実践——いかに社会正義の具現化を目指すのか」『社会福祉研究』124, 13-20.

岸田軒造（1941）『温かき家庭の建設』大日本生活協会.

北場勉（2009）「大正期における方面委員制度誕生の社会的背景と意味に関する一考察」『日本社会事業大学研究紀要』55, 3-37.

北田暁大（2015）「社会学的忘却の起源――社会学的プラグマティズムの帰結」『現代思想』43（11）, 156-187.

清野茂（1997）「昭和初期手話――口話論争に関する研究」『市立名寄短期大学紀要』29, 57-80.

小松和彦（1985）『異人論――民俗社会の心性』青土社.

小松和彦（2009）『福の神と貧乏神』筑摩書房.

小森陽一（2001）『ポストコロニアル』岩波書店.

Kondo, Naoki, Minai, J, Imai, H and Yamagata, Z.（2007）Engagement in a Cohesive Group and Higher-level Functional Capacity in Older Adults in Japan: a Case of the Mujin, *Social Science & Medicine*, 64（11）, 2311-2323.

小関正道（1933）「方面委員の精神と態度に就いて斯く考える」『社会事業』17（7）, 75-77.

厚生労働省　新たな福祉サービスのシステム等のあり方検討プロジェクトチーム（2015）「誰もが支え合う地域の構築に向けた福祉サービスの実現――新たな時代に対応した福祉の提供ビジョン」（http://www.mhlw.go.jp/file/05-Shingikai-12201000-Shakaiengokyokushougaihokenfukushibu-Kikakuka/bijon.pdf, 2017. 6. 16）.

厚生労働省　地域における住民主体の課題解決力強化・相談支援体制の在り方に関する検討会（2017）「地域力強化検討会 最終とりまとめ――地域共生社会の実現に向けた新しいステージへ」（http://www.mhlw.go.jp/file/05-Shingikai-12201000-Shakaiengokyokushougaihokenfukushibu-Kikakuka/0000177049.pdf, 2017. 9. 20）.

厚生労働省　社会福祉事業等の在り方に関する検討会（1997）「社会福祉の基礎構造改革について（主要な論点）」（http://www1.mhlw.go.jp/shingi/s1125-2.html, 2017. 6. 16）.

厚生労働省「統合医療」のあり方に関する検討会（2012）「『統合医療』と厚生労働省の取組」（http://www.mhlw.go.jp/stf/shingi/2r98520000026chz-att/2r98520000026d7t.pdf, 2015. 7. 25）.

厚生労働省「統合医療」のあり方に関する検討会（2013）「これまでの議論の整理について」（http://www.mhlw.go.jp/stf/shingi/2r9852000002vsub-att/

2r9852000002vsy2.pdf, 2015. 7. 25).

厚生労働省　中央社会福祉審議会社会福祉構造改革分科会（1998）「社会福祉基礎構造改革について（中間まとめ）」(http://www1.mhlw.go.jp/houdou/1006/h0617-1.html, 2017. 6. 16).

厚生労働省「我が事・丸ごと」地域共生社会実現本部（2016）「地域包括ケアの深化・地域共生社会の実現」(http://www.mhlw.go.jp/file/05-Shingikai-12601000-Seisakutoukatsukan-Sanjikanshitsu_Shakaihoshoutantou/0000130500.pdf, 2017. 6. 16).

厚生労働省「我が事・丸ごと」地域共生社会実現本部（2017）「『地域共生社会』の実現に向けて（当面の改革工程）」(http://www.mhlw.go.jp/file/04-Houdouhappyou-12601000-Seisakutoukatsukan-Sanjikanshitsu_Shakaihoshoutantou/0000150632.pdf, 2017. 6. 16).

京都府史政治部衛生類（1875）「癲狂院設立ニ付建言」『京都府百年の資料 4 社会編』京都府立総合資料館，490-493.

京都府庁文書布令書 8-8（1875）「癲狂院設立趣意書」『京都府百年の資料 4 社会編』京都府立総合資料館，493-494.

空閑浩人（2014）『ソーシャルワークにおける「生活場モデル」の構築――日本人の生活・文化に根ざした社会福祉援助』ミネルヴァ書房.

栗栖瑛子（2013）「ディックス，D. L. の生涯とその業績（1）生い立ちからライフワークに出会うまで」『佐久大学看護研究雑誌』5 (1), 63-74.

栗栖瑛子（2016）「ディックス，D. L. の生涯とその業績（補遺）：ディックスの日本への影響　森有禮と Dix，京都府癲狂院」『佐久大学看護研究雑誌』8 (1), 31-38.

草葉隆円（1936）『社会事業と方面委員制度』茨城県社会事業協会.

L

Ladd, Paddy (2003) *Understanding Deaf Culture, In Search of Deafhood*. Clevedon: Multilingual Matters Ltd. ＝2007，森壮也監訳・長尾絵衣子・古屋和仁・増田恵里子・柳沢圭子訳『ろう文化の歴史と展望―ろうコミュニティの脱植民地化』明石書店.

Ling, How Kee (2008) The Development of Culturally Appropriate Social Work Practice in Sarawak, Malaysia, Gray, Mel, Coates, J. and Yellow Bird, M. eds., *Indigenous Social Work around the World: Towards Cul-*

turally Relevant Education and Practice, Ashgate, 97-106.

Lorde, Audre (1979) The Master's Tools Will Never Dismantle the Master's House, comments at 'The Personal and the Political Panel' Second Sex Conference, New York, 29 September 1979, Reprinted in Lorde, A. (1984) *Sister Outsider: Essays and Speeches*, Crossing Press, 110-113.

Lorde, Audre (1980) Age, Race, Class, and Sex: Women Redefining Difference, Reprinted in Lorde, A. (1984) *Sister Outsider: Essays and Speeches*, Crossing Press, 114-123.

M

Margolin, Leslie (1997) *Under the Cover of Kindness: The Intervention of Social Work*, University of Virginia Press. =2003, 中河伸俊・上野加代子・足立佳美訳『ソーシャルワークの社会的構築――優しさの名のもとに』明石書店.

松原岩五郎(1893→1988)『最暗黒の東京』岩波文庫.

松井茂(1922)「動物虐待防止に就いて」『社会事業』5(11), 1025-1030.

松本武子編(1978)『日本のケースワーク』家政教育社.

松端克文(1994)「方面委員による地域福祉活動の研究(その1)――戦時下大阪府方面委員の活動を中心として」『九州大谷研究紀要』21, 135-172.

待山(1902)「動物虐待防止会の成立」『中央公論』5月号, 59-61.

松澤兼人(1929)「その相互依存性と優越性」『社会事業研究』17(1), 74-78.

McLaughlan, Robbie (2012) *Re-imagining the 'Dark Continent' in fin de siecle Literature*, Edinburgh University Press.

Midgley, James (2008) Promoting Reciprocal International Social Work Exchanges: Professional Imperialism Revisited, Gray, Mel, Coates, J. and Yellow Bird, M. eds., *Indigenous Social Work around the World: Towards Culturally Relevant Education and Practice*, Ashgate, 31-47.

三島亜紀子(2000)「ソーシャルワークの学問的『体系化』についての一考察――フレックスナーのあたえた専門職化への影響」『医療社会福祉研究』9(1), 31-37.

三島亜紀子(2005a)「誘いの受け方, 断り方――社会福祉実習指導の問題点」倉本智明編『セクシュアリティと障害学』明石書店, 268-294.

三島亜紀子(2005b)『児童虐待と動物虐待』青弓社.

三島亜紀子（2007）『社会福祉学の〈科学〉性――ソーシャルワーカーは専門職か？』勁草書房.
三島亜紀子（2015）「ソーシャルワークのグローバル定義における多様性（ダイバーシティ）の尊重――日本の社会福祉教育への『隠れたカリキュラム』視点導入の意義」『ソーシャルワーク学会誌』30, 1-12.
三島亜紀子（2016a）「ソーシャルワークのグローバル定義にみる知の変容――『地域・民族固有の知（indigenous knowledge）』とはなにか？」『社会福祉学』57（1）, 113-124.
三島亜紀子（2016b）「ソーシャルワークのグローバル定義における『社会的結束（Social Cohesion）』に関する考察――リスク管理がもたらすジレンマ」『ソーシャルワーク学会誌』33, 1-12.
見田宗介編集顧問　大澤真幸・吉見俊哉・鷲田清一編（2012）『現代社会学辞典』弘文堂.
三浦文夫（2005）「社会福祉基礎構造改革」佐々木毅他編集『戦後史大辞典　増補新版』三省堂.
宮本太郎（2011）「レジーム転換と福祉政治――包摂と承認の政治学」大沢真理編『承認と包摂へ――労働と生活の保障』岩波書店，191-214.
宮本常一（1984）『忘れられた日本人』岩波文庫.
宮崎理（2015）「ポストコロニアル研究の視座から見た社会的排除――在日朝鮮人への政策の変遷に焦点をあてて」『北星学園大学大学院論集』6, 1-11.
三善貞司（2009）「なにわ人物伝－光彩を放つ－小河滋次郎」『大阪日日新聞』（http://www.nnn.co.jp/dainichi/rensai/naniwa/090307/20090307064.html, 2017. 6. 16）.
文部科学省　人権教育の指導方法等に関する調査研究会議（2008）「人権教育の指導方法等の在り方について［第三次とりまとめ］」（http://www.mext.go.jp/b_menu/shingi/chousa/shotou/024/report/08041404.htm, 2014. 12. 20）.
森田ゆり（2008）「多様性（ダイバーシティ）を理解する」（http://www.jinken-net.com/close-up/0811.html, 2014. 12. 20）.
守屋茂（1985）『日本社会福祉思想史の研究』同朋舎出版.
Morris, Jenny（1991）*Pride against Prejudice*, Women's Press.
村島帰之（1929）『善き隣人――方面委員の足跡』大阪府方面委員後援会.
室田信一（2012）「アメリカの社会福祉教育とマクロ実践のコンピテンシー」

『人文学報．社会福祉学』29, 309–336.

N

Nabigon, Herb and Mawhiney, Anne Marie（1996）Aboriginal Theory: A Cree Medicine Wheel Guide for Healing First Nations, Turner, Francis ed., *Social Work Treatment: Interlocking Theoretical Approaches (4th.)*, Oxford University Press. ＝1999，米本秀仁監訳「先住民の理論」『ソーシャルワーク・トリートメント――相互連結理論アプローチ（上）（下）』中央法規出版.

中川清編（1994）『明治東京下層生活誌』岩波書店.

中元久子（1940）『私たちの隣組――隣組と昔の五人組』新東京社.

中村治（2006）「洛北岩倉における精神病者の処遇」『人間科学』（大阪府立大学紀要）2, 97–114.

中村治（2013）『洛北岩倉と精神医療――精神病患者家族的看護の伝統の形成と消失』世界思想社.

中村律子（1999）「感化院」庄司洋子・木下康仁・武川正吾・藤村正之編『福祉社会事典』弘文堂，163–164.

中村隆文（2005）「動物愛護運動のはじまり」井波律子・井上章一編『表現における越境と混淆』国際日本文化研究センター，55–76.

中村康利（2007）「アイヌ民族の『見えない貧困』：アイヌ民族研究のパラダイム変換の試み」『教育福祉研究』13, 39–48.

中村康利（2008）「現代アイヌ民族の貧困」『教育福祉研究』14, 15–25.

仲村優一（1980）「『社会福祉の日本的展開』その模索と課題／諸言」『社会福祉研究』26, 44–45.

中山あおい（2010）「シティズンシップ教育をめぐるヨーロッパの動向――リスボン戦略とEUの取り組みについて」『大阪教育大学紀要・第IV部門・教育科学』58 (2), 119–129.

生江孝之（1911）『救済事業の比較研究』内務省地方局.

生江孝之（1928）『児童と社会』児童保護研究会.

National Association of Social Workers（1974）*Social Case Work: Generic and Specific: A Report of the Milford Conference*, NASW. ＝1993，竹内一夫・清水隆則・小田兼三訳『ソーシャル・ケースワーク：ジェネリックとスペシフィック――ミルフォード会議報告』相川書房.

National Inquiry into the Separation of Aboriginal and Torres Strait Islander Children from Their Families (1997) *Bringing them Home*, Human Rights and Equal Opportunity Commission.

二木立（2015）「厚労省 PT「福祉の提供ビジョン」をどう読むか」(http://www.jassw.jp/topics/pdf/16022501.pdf, 2017. 10. 8).

仁平典宏（2003）「〈権力〉としてのボランティア活動——参加の社会的格差と『社会的なるもの』の不可視化」『ソシオロゴス』27, 311-330.

日本学術会議　第 18 期社会福祉・社会保障研究連絡委員会（2003）「ソーシャルワークが展開できる社会システムづくりへの提案」(http://www.scj.go.jp/ja/info/kohyo/18pdf/1821.pdf, 2017. 6. 16).

日本学術会議　社会学委員会・社会学の展望分科会（2010）「社会学分野の展望——良質な社会づくりをめざして『社会的なるもの』の再構築」(http://www.scj.go.jp/ja/info/kohyo/pdf/kohyo-21-h-1-5.pdf, 2017. 6. 16).

日本社会福祉士会（2013）「『Global Definition of Social Work』案に対する日本からの意見」(http://www.jacsw.or.jp/06_kokusai/IFSW/files/07_Japanese.pdf, 2015. 12. 24).

野村兼太郎（1940）『むかしと今と』ダイヤモンド社.

Norton, Andrew and De Haan, Arjan (2013) *Social Cohesion: Theoretical Debates and Practical Applications with Respect to Jobs*, World Bank.

Nyak, Suryia (2013) Equality and Diversity, Worsley, Aidan, Mann, T., Olsen, A. and Mason-Whitehead, E. eds. *Key Concepts in Social Work Practice*, The SAGE, 74-83.

O

大林宗嗣（1929）「ユーゼニックスと社会事業」『社会事業研究』17 (1), 83-86.

OECD (1997) *Beyond 2000: The New Social Policy Agenda*, OECD.

OECD (2005) *Society at a Glance 2005: OECD Social Indicators*, OECD. (http://www.oecd-ilibrary.org/social-issues-migration-health/society-at-a-glance-2005_soc_glance-2005-en, 2015. 12. 24).

OECD (2011a) *Perspectives on Global Development 2012: Social Cohesion in a Shifting World, Executive Summary*, OECD. (http://www.oecd.org/site/devpgd2012/49067839.pdf, 2015. 12. 24).

OECD (2011b) *Perspectives on Global Development 2012: Social Cohesion in*

a Shifting World, OECD. ＝2013, OECD開発センター編著, 門田清訳『OECD世界開発白書2――富のシフト世界と社会的結束』明石書店.

OECD（2013）*Session 2: Beyond Poverty Reduction: The Challenge of Social Cohesion in Developing Countries, OECD.*（http://www.oecd.org/site/oecdgfd/Session%202%20-%20GFD%20Background%20Paper.pdf, 2015.12.24）.

OECD（2014）*Society at a Glance 2014: OECD Social Indicators, OECD.*（http://www.oecd.org/social/societyataglance.htm, 2016.3.10）.

OECD（2015）*Health at a Glance 2015: OECD Indicators.*（http://www.oecd-ilibrary.org/social-issues-migration-health/health-at-a-glance_19991312, 2017.6.15）.

小笠原慶彰（2013a）「方面委員制度」山縣文治・柏女霊峰編集委員代表『社会福祉用語辞典〔第9版〕』ミネルヴァ書房.

小笠原慶彰（2013b）『林市蔵の研究――方面委員制度との関わりを中心として』関西学院大学出版会.

小笠原慶彰（2017）「『夕刊売り母子』と『栄え日』の挿話」『Wellおおさか』36, 3.

小河滋次郎（1912）『社会問題救恤十訓』北文館.

小河滋次郎（1918）「如何にして動物愛護の美風を振興すべきや」『救済研究』6（2）, 115-130.

小河滋次郎（1924）『社会事業と方面委員制度』巌松堂.

岡久慶（2006）「英国2006年テロリズム法――『邪悪な思想』との闘い」『外国の立法』228, 82-112.

Oliver, Mike（1990）*The Politics of Disablement*, Macmillan. ＝2006, 三島亜紀子・山岸倫子・山森亮・横須賀俊司訳『障害の政治――イギリス障害学の原点』明石書店.

Oliver, Mike（2004）The Social Model in Action: If I Had a Hammer, Barnes, Colin, and Merce, G. eds. *Implementing the Social Model of Disability: Theory and Research*, The Disability Press, 18-31.

Oliver, Michael and Sapey, Bob（2006）*Social Work with Disabled People, 3rd Ed.*, Palgrave Macmillan. ＝2010, 野中猛監訳・河口直子訳『障害学にもとづくソーシャルワーク――障害の社会モデル』金剛出版.

大森洪太（1941）『明けゆく空』主婦之友社.

Online Etymology Dictionary（2014）*Diversity.*（http://www.etymonline.com/index.php?term=diversity, 2014. 12. 20）.

大友晶子（1978）「農村方面委員制度定着への一側面」松本武子編著『ケースワークの基礎知識』有斐閣，67-75.

大友昌子（2007）『帝国日本の植民地社会事業政策研究』ミネルヴァ書房.

大塚達雄・岡田藤太郎編（1978）『ケースワーク論――日本的展開をめざして』家政教育社.

小澤一（1943）「厚生事業の基盤・構成と運営」『厚生問題』27（6），533-551.

P

Payne, Malcom（1997）*Modern Social Work Theory (2ed.)*, Macmillan.

Picht, Werner（1914）*Toynbee Hall and the English Settlement Movement*, G. Bell and Sons.

Pierson, John（2008）*Going Local: Working in Communities and Neighbourhoods*, Routledge.

Powell, Fred W.（2001）*The Politics of Social Work*, SAGE Publications Ltd.

Prue, R. E. "Bob"（2014）A Standpoint View of the Social Work Profession and Indigenous Peoples in the United States: From the Profession's Origins through its First Century, Weaver, Hilary N. ed., *Social Issues in Contemporary Native America*, Ashgate, 59-75.

Puri, Kavita（2014）Switzerland's Shame: The Children Used as Cheap Farm Labour, *BBC News Magazine*, 29 October.

Putnam, Robert（2000）*Bowling Alone*, Simon & Schuster. =2006，柴内康文訳『孤独なボウリング――米国コミュニティの崩壊と再生』柏書房.

S

Sadker, Myra and Sadker, David（1994）*Failing at Fairness: How America's Schools Cheat Girls*, Simon & Schuster. =1996，川合あさ子訳『「女の子」は学校でつくられる』時事通信社.

逆井宏（2000）「生命の泉　Fountain of Life――モノから都市への視点」『宝塚造形芸術大学紀要』14, 31-45.

堺利彦（1903）「動物虐待防止会」『家庭雑誌』1-1, 8-9.（再録：1971，『堺利彦全集』第2巻，法律文化社，178-179）.

佐久間孝正（2007）『移民大国イギリスの実験――学校と地域にみる多文化の現実』勁草書房.

真田是（1980）「日本における資本主義の構造的特質と国民生活への影響」『社会福祉研究』26, 52-57.

Schön, Donald Alan（1983）*The Reflective Practitioner: How Professionals Think in Action*, Basic Books. ＝2001，佐藤学・秋田喜代美訳『専門家の知恵――反省的実践家は行為しながら考える』ゆみる出版.

椎尾辨匡（1941）『共栄の大道』共生会.

嶋田啓一郎（1976）「ボランティア活動の思想的展開――その独自性はいずこにあるのか」『社会福祉研究』18, 41-46.

戦時生活研究所編（1941）『隣組動員の書』聖紀書房.

社会福祉専門職団体協議会・国際委員会（2014）「『ソーシャルワークのグローバル定義』新しい定義案を考える10のポイント」(https://www.jacsw.or.jp/06_kokusai/IFSW/files/SW_teigi_kaitei.pdf, 2015. 12. 24).

沈潔（1996）『「満州国」社会事業史』ミネルヴァ書房.

新家江里香・秋辺得平（2001）「アイヌ民族問題に関する社会福祉研究――歴史的視点の必要性」『評論・社会科学』65, 42-102.

添田正揮（2012）「ソーシャルワーク教育における文化的コンピテンスと多様性」『川崎医療福祉学会誌』22 (1), 1-13.

Solnit, Rebecca（2009）*A Paradise Built in Hell: The Extraordinary Communities That Arise in Disaster*, Penguin Books. ＝2010，高月園子訳『災害ユートピア――なぜそのとき特別な共同体が立ち上がるのか』亜紀書房.

杉野昭博（1995）「『ボランティア』の比較文化論②ボランティアの文化史」『月刊福祉』78 (14), 68-73.

杉野昭博（2007）『障害学――理論形成と射程』東京大学出版会.

杉野昭博（2011）「ソーシャルワークの展開」平岡公一・杉野昭博・所道彦・鎮目真人著『社会福祉学』有斐閣，1-100.

Suppes, Mary Ann and Wells, Carolyn C.（2000）*The Social Work Experience: Introduction to Social Work and Social Welfare, 3rd ed.*, McGraw-Hill.

T

高野昭雄（2014）「1918年米騒動に関する考察――脚気統計と残飯屋から学ぶ」『千葉商大紀要』52 (1), 103-126.

高島巖（1954）「ホスピタリスムスという名のテーマ――『読書能力の面から見た施設収容児童の在り方』を序言として」『社会事業』37 (4), 46-51.

高島拓哉（2009）「地域社会レベルのアンペイドワーク論に向けての試論――ジェンダー不平等の視点からの相対的分離」『紀要（大分大学大学院福祉社会科学研究科）』12, 49-61.

田子一民（1922）『社会事業』帝国地方行政学会.

田村直臣（1911）『子どもの権利』警醒社書店.

The Quality Assurance Agency for Higher Education: QAA（2003）*A Brief Guide to Quality Assurance in UK Higher Education*. =2007, 独立行政法人大学評価・学位授与機構訳「英国高等教育質保証ガイドブック」（http://www.niad.ac.jp/ICSFiles/afieldfile/2008/08/04/no6_13_briefguide_jpnver.pdf, 2014. 12. 19）.

The Quality Assurance Agency for Higher Education: QAA（2008）*Subject Benchmark Statement: Social Work*.（http://www.qaa.ac.uk/en/Publications/Documents/Subject-benchmark-statement-Social-work.pdf, 2014. 12. 19）.

Thomas, Keith（1983）*Man and the Natural World*, Oxford University Press. =1989, 山内昶訳『人間と自然界――近代イギリスにおける自然観の変遷』法政大学出版局.

Tsang, A. Ka Tat, and Yan, Miu-Chung（2001）Chinese Corpus, Western Application: Chinese Strategy of Engagement with Western Social Work Discourse, *International Social Work Journal*, 44（4）, 433-454.

The Policy Research Sub-Committee on Social Cohesion: PRSub-C（1997）*Social Cohesion Research Workplan*.（http://socialsciences.uottawa.ca/governance/sites/socialsciences.uottawa.ca.governance/files/social_cohesion_research_workplan.pdf, 2015. 12. 24）.

高橋重宏・庄司順一・才村純ほか（2008）「児童相談所におけるカルチュラル・コンピテンスに関する研究」『日本子ども家庭総合研究所紀要』45, 3-36.

寶田玲子（2010）「ソーシャルワーク実習教育に関する一考察――アメリカのソーシャルワーク実習教育プログラムの比較研究から」『関西福祉科学大学紀要』13, 65-77.

武田丈（2009）「日本における多文化ソーシャルワークの実践と研究の必要性」『ソーシャルワーク研究』35 (3), 4-16.

田中耕治（2011）『新しい時代の教育課程』有斐閣.
東京市政調査会編（1925）『小市民は東京市に何を希望してゐるか』東京市政調査会.
東京市市民局町会課編（1940）『隣組常会の栞』東京市.
友納友次郎（1925）『教育革命焦土の中から』明治図書.
鳥越皓之（1994）『地域自治会の研究——部落会・町内会・自治会の展開過程』ミネルヴァ書房.
Truell, Rory（2014）*Report to the IFSW 2014 General Meeting on the review of the Global Definition of Social Work.*（http://cdn.ifsw.org/assets/ifsw_94359-2.pdf, 2015. 7. 25）.
坪田益美（2012）「多文化共生に向けて社会科が育成すべきシティズンシップの検討——「社会的結束」の概念を手がかりに」『東北学院大学教養学部論集』162, 31-49.
Turner, Francis ed.（1996）*Social Work Treatment: Interlocking Theoretical Approaches*（4th）, Oxford University Press. ＝1999，米本秀仁監訳『ソーシャルワーク・トリートメント——相互連結理論アプローチ（上）（下）』中央法規出版.
Turner, Francis ed.（2011）*Social Work Treatment: Interlocking Theoretical Approaches (5th)*, Oxford University Press.
Turner, James（1980）*Reckoning with the Beast: Animals, Pain, and Humanity in the Victorian Mind*, Johns Hopkins University Press. ＝1994，斎藤九一訳『動物への配慮——ヴィクトリア時代精神における動物・痛み・人間性』法政大学出版局.

U

内村兵蔵（1918）「動物愛護に就いて」『救済研究』6（3）, 257-276.
植木直一郎（1944）『上代の勤労思想と生産・生活』文松堂.
上野谷加代子（2014）「厚生労働省プロジェクトチーム『福祉の提供ビジョン』が求める人材を養成するために——これからの社会福祉士養成に求められること」（http://www.jascsw.jp/doc/20151101_uenoya.pdf, 2017. 6. 16）.
梅本勝博（2002）「時間の試練に耐えた実践知としての知恵」北陸先端科学技術大学院大学・知識科学研究科監修，杉山公造・永田晃也・下嶋篤編著『WEB版ナレッジサイエンス』（http://www.kousakusha.com/ks/ks-t/ks-

t-2-23.html, 2015. 7. 25).
UN (2007)「先住民族の権利に関する国際連合宣言（仮訳）」(http://www.un.org/esa/socdev/unpfii/documents/DRIPS_japanese.pdf, 2015. 11. 6).
海野幸徳（1924）『輓近の社会事業』内外出版.
宇野正道（1999）「感化救済事業」庄司洋子・木下康仁・武川正吾・藤村正之編『福祉社会事典』弘文堂，164.
臼井正樹（2001）「障害者文化論――障害者文化の概念整理とその若干の応用について」『社会福祉学』42 (1), 87-100.

W

Walmsley, Jan and Johnson, K. (2003) *Inclusive Research with People with Learning Disabilities: Past, Present and Futures, Jessi*ca Kingsley Publishers.
王思斌（2001）「试论我国社会工作的本土化」『浙江学刊』2, 56-61.
渡部一高（1936）「社會的實驗室としてのセツルメント」『社会事業研究』24 (10), 53-57.
Wesley, Philip (1968) *Life in Classrooms*, Rinehart and Winston.
Wheturangi, Walsh-Tapiata (2008) The Past, the Present and the Future, Gray, Mel, Coates, J. and Yellow Bird, M. eds., *Indigenous Social Work around the World: Towards Culturally Relevant Education and Practice*, Ashgate, 107-115.

Y

山縣然太朗（2014）「ポピュレーションアプローチで健康なまちづくり――ソーシャル・キャピタルの流れと健康づくり，まちづくり」(https://www.kokuho.or.jp/hoken/public/lib/00_yamagata_zentaro_kouen.pdf, 2017. 6. 16).
山口正（1943）「厚生の認識とその考察方法」『社会事業』27 (9), 21-838.
山本啓（2003）「訳者あとがき」Honneth, Axel (1992) *Kampf um Anerkennung*, Suhrkamp. ＝2003，山本啓・直江清隆訳『承認をめぐる闘争』法政大学出版局，241-253.
山室軍平（1926）『救世軍略史』救世軍出版及配給部.
山下文男（2008）『津波てんでんこ――近代日本の津波史』新日本出版社.

山崎博編（1941）『文部省制定　婦人礼法の心得』科学書院.

山﨑沙織（2015）「『読めない母親』として集うことの分析」『社会学評論』66（1), 105-122.

亚洲及太平洋地区社会工作教育协会・中国社会工作教育协会编（1996）『发展探索　本土化——华人社区社会工作教育发展研讨会论文集』中国和平出版社.

Yellow Bird, Michael（2008）Postscript Terms of Endearment: A Brief Dictionary for Decolonizing social work with Indigenous Peoples, Gray, Mel, Coates, J. and Yellow Bird, M. eds., *Indigenous Social Work around the World: Towards Culturally Relevant Education and Practice*, Ashgate, 275-291.

殷妙仲（2010）「专业，科学，本土化：中国社会工作十年的三个迷思」『社会科学』1, 63-71.

淀野順子（2004）「アイヌ文化に着目した自然環境再生活動の展開過程——チコロナイの事例を通じて」『社会教育研究』22, 61-82.

米田庄太郎（1915）「浮浪人の科学的研究」『救済研究』

吉田久一（1964）『日本近代仏教社会史研究』吉川弘文館.

吉田久一（1980）「日本社会福祉の文化史的課題」『社会福祉研究』26, 46-51.

吉田久一（1981）『日本社会事業の歴史』勁草書房.

吉田久一（1989）『日本社会福祉思想史』川島書店.

吉田久一（1990）『現代社会事業史研究』（吉田久一著作集③）川島書店.

吉田久一（2004）『新・日本社会事業の歴史』勁草書房.

吉田久一・一番ケ瀬康子（1982）『昭和社会事業史への証言』ドメス出版.

吉見俊哉（2000）『カルチュラル・スタディーズ』岩波書店.

Young, Jock（1999）*The Exclusive Society: Social Exclusion, Crime and Difference in Late Modernity*, Sage. =2007, 青木秀男・伊藤泰郎・岸政彦・村澤真保呂訳『排除型社会——後期近代における犯罪・雇用・差異』洛北出版.

Young, Jock（2007）*The Vertigo of Late Modernity*, Sage. =2008, 木下ちがや・中村好孝・丸山真央訳『後期近代の眩暈——排除から過剰包摂へ』青土社.

Yuen-Tsang, Angelina W. K. and Wang, Sibin（2002）Tensions Confronting the Development of Social Work Education in China, *International Social*

Work, vol. 45 (3), 375-388.
結城俊哉（2013）『ケアのフォークロア——対人援助の基本原則と展開方法を考える』高菅出版.
湯原悦子（2016）「介護殺人事件から見出せる介護者支援の必要性」『日本福祉大学社会福祉論集』134, 9-30.
由良哲次（1942）「東洋に於ける『社會』の観念」『社会事業研究』30（4）, 5-9.

Z

Zhu, Jianfei（2003）*Chinese Spatial Strategies: Imperial Beijing, 1420-1911*, Routledge.

無記名（1918a）「大阪動物愛護会の設立」『救済研究』6（3）, 350-351.
無記名（1918b）「大阪動物愛護会の仮水槽」『救済研究』6（9）, 985-986.

著者略歴

1971年　大阪府に生まれる

2005年　大阪市立大学大学院生活科学研究科　博士課程単位取得退学。博士（学術）。東大阪大学教授、ケンブリッジ大学社会学科客員研究員を経て、

現　在　同志社大学嘱託講師

著　書　『児童虐待と動物虐待』（2005年、青弓社）、『社会福祉学の〈科学〉性――ソーシャルワーカーは専門職か？』（2007年、勁草書房、日本ソーシャルワーク学会学術奨励賞・日本社会福祉学会奨励賞受賞）、『妖怪バリャーをやっつけろ――きりふだは、障害の社会モデル』（2010年、生活書院）。共著に『医療社会学のフロンティア――現代医療と社会』（2001年、世界思想社）、『セクシュアリティと障害学』（2005年、明石書店）など。共訳に『障害の政治――イギリス障害学の原点』（2006年、明石書店）。

社会福祉学は「社会」をどう捉えてきたのか
ソーシャルワークのグローバル定義における専門職像

2017年12月10日　第1版第1刷発行

著　者　三島亜紀子（みしまあきこ）

発行者　井村寿人

発行所　株式会社　勁草書房（けいそう）

112-0005　東京都文京区水道2-1-1　振替　00150-2-175253
（編集）電話　03-3815-5277／FAX　03-3814-6968
（営業）電話　03-3814-6861／FAX　03-3814-6854
三秀舎・松岳社

ISBN978-4-326-70099-8　Printed in Japan

著者	書名	判型	価格
日本社会事業大学編	戦後日本の社会事業	A5判	三〇〇〇円
吉田久一	現代社会事業史研究	A5判	四八〇〇円
吉田久一	日本の社会福祉思想	四六判	二一〇〇円
吉田久一・岡田英己子	社会福祉と日本の宗教思想 仏教・儒教・キリスト教の福祉思想	四六判	三二〇〇円
吉田久一	社会福祉思想史入門	四六判	三〇〇〇円
吉田久一 長谷川匡俊・永岡正巳・宇都榮子編	日本社会事業思想小史	四六判	二三〇〇円
土屋敦	はじき出された子どもたち 社会的養護児童と「家庭」概念の歴史社会学	A5判	四〇〇〇円
田中拓道	福祉政治史　格差に抗するデモクラシー	四六判	三〇〇〇円
三島亜紀子	社会福祉学の〈科学〉性 ソーシャルワーカーは専門職か？	†A5判	三八〇〇円

＊表示価格は二〇一七年一二月現在。消費税は含まれておりません。
†はオンデマンド版です。